SOMMAIRE

DOCUMENTS DE BASE

AUTRES DOCUMENTS

DOCUMENTS DE BASE

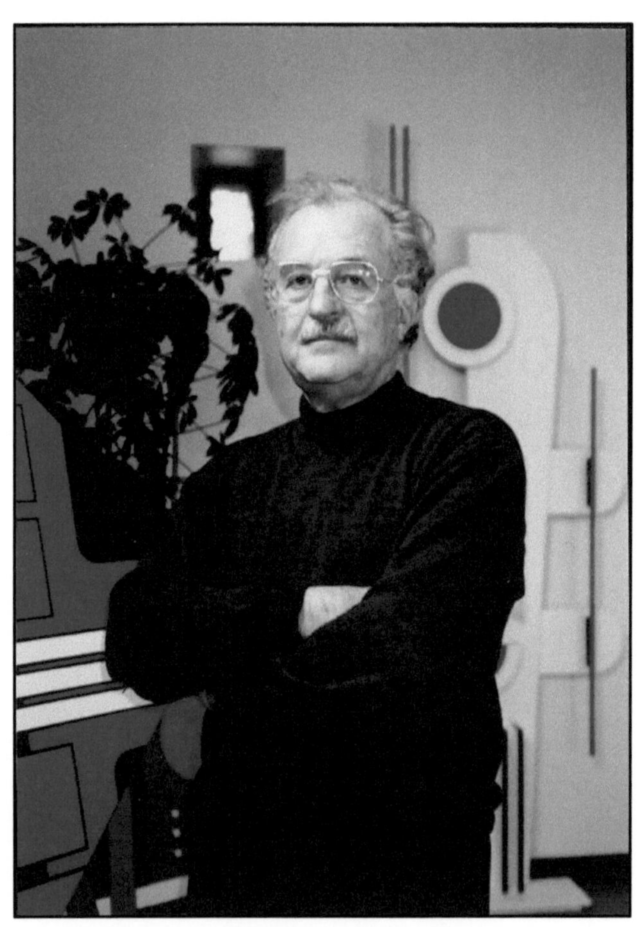

BIOGRAPHIE JEAN BRANCHET

Né le 14 novembre 1934 à Lons-le-Saunier (France)

Vit et travaille à Nantes (France)

Sa famille s'installe à Toulouse en 1939. Études secondaires scientifiques et techniques. Premières tentatives de peinture. Arrivé en 1953 à Paris, il poursuit des études techniques, puis de Droit et de Sciences économiques.

Découverte de l'art contemporain au Musée National d'Art Moderne et dans les Salons parisiens, en particulier celui des Réalités Nouvelles. Pratique la guitare classique pendant plusieurs années. Suit épisodiquement les cours de modèle vivant à l'Académie de la Grande Chaumière. Économiste, organisateur et financier de sociétés multinationales, il mène parallèlement une œuvre plastique personnelle qui, depuis le début des années soixante-dix, s'inscrit résolument dans le sillage du mouvement constructiviste en particulier celui défini par le mouvement MADI International.

A animé avec son épouse, de 1975 à 2000, la Galerie Convergence de Nantes, galerie ayant présenté un large éventail d'artistes significatifs de la plupart des grands mouvements artistiques apparus après la seconde guerre mondiale.

Impliqué dès le début des années soixante dans le développement informatique des entreprises, il a mis à profit ses connaissances pour créer depuis le début des années 2000 des œuvres numériques telles que CD-Rom musicaux et DVD d'animations.

Expose régulièrement depuis 1992.

Participe aux manifestations du groupe MADI à partir de 1995.

EXPOSITIONS PERSONNELLES

1995 - Galerie Convergence (Nantes)

1996 - Galerie Claude Dorval (Paris)

1998 - Galerie Convergence (Nantes)

2001 - « Passion – Création » - Château de la Groulais - Blain (44)

2001 - Centre Culturel Athanor - Guérande (44)

2002 - Maison de l'Avocat (Nantes)

2004 - Galerie Orion (Paris)

2007 - Hungarian Academy of Science and International Mobil MADI Museum
(Györ – Hongrie)

2008 - Abbaye de Saint-Florent-le-Vieil (39). Exposition PACA - Invité d'honneur

2009 - Château de la Groulais - Blain (44)

2009 - Université Permanente et Maison des Hommes et des Techniques

(Nantes)

2009 - Maison de l'Avocat (Nantes)

2009 - Musée de l'imprimerie (en accompagnement de l'exposition Jorj Morin)

(Nantes)

2012 - Abbaye de Saint-Florent-le-Vieil (39)

2014 - Université Permanente (Nantes)

2014 - Artéva « A deux voies - Jeannette et Jean Branchet » - Rezé (44)

EXPOSITIONS COLLECTIVES

1992   Salon des Réalités Nouvelles - Paris (Grand Palais)

1993   Salon Grands et Jeunes d'aujourd'hui - Paris (Grand Palais)

1993   Salon des Réalités Nouvelles - Paris (Grand Palais)

1994   Congrès du Mouvement de la paix - Montluçon (03) - (Centre Athanor)
        Créateurs pour la paix

1994   Salon des Réalités Nouvelles - Paris (Espace Eiffel - Quai Branly)

1995   Galerie Claude Dorval - Strasbourg (Salon International d'Art
        Contemporain) - MADI

1995   Galerie Claude Dorval - Paris - Exposition de Noël

1995   Galerie Convergence - Nantes - Art construit ? Art concret ? Art
        géométrique ?

1995   Lycée Jacques Prévert - Longjumeau (91) - Mouvement MADI

1995   Salon des Réalités Nouvelles - Paris (Espace Eiffel - Quai Branly)

1995   Salon Grands et Jeunes d'aujourd'hui - Paris (Espace Eiffel - Quai
        Branly)

1995   Ville de Longjumeau - Longjumeau (91) - ART SUR LA VILLE
        (GROUPE MADI)

1996   Arte Struktura (Milan) - Triestre (Italie) - L'Arte costruisce l'Europa

1996   Ibelcajacentro de exposiciones y congresos - Zaragoza (Espagne) -
        MADI Internacional - 50 anos despues

1996   Salon des Réalités Nouvelles - Paris (Espace Eiffel - Quai Branly) - 50° anniversaire -

1996   Salon Grands et Jeunes d'aujourd'hui - Paris (Espace Eiffel - Quai Branly)

1997   Comune di San Remo - Regione Liguria - San Remo (Italie) - Nuova visualita internazionale

1997   L'Art dans la cité et Conseil général de l'Essonne (91) - (Exposition itinérante dans le département) - Abstraction - Intégration 1

1997   Lycée du parc "Des Loges" d'Evry et les Compagnons de l'Art de Savigny-sur-Orge (Essonne)) - EVRY (91) - L'art MADI

1997   Le Mouvement de la paix/UNESCO - Maison de l'UNESCO - Paris - Pour une culture de Paix

1997   Museo extremeno e Iberoamericano de arte contemporaneo - Badaroz (Espagne) - ARTE MADI

1997   Museo Nacional Centro de Arte Reina Sofia - Madrid - ARTE MADI

1997   Salon des Réalités Nouvelles - Paris (Espace Eiffel - Quai Branly)

1997   Salon Grands et Jeunes d'aujourd'hui - Paris (Espace Eiffel - Quai Branly)

1998   Association Idem+Arts   Espace Sculfort - Maubeuge (59) - MADI

1998   Commission hongroise du Millénaire, Mairie de Györ,   Musée   d'Art (Palais Esterhazy) - Györ (Hongrie) - Festival Euro-MADI

1998   Galerie l'Art et la Paix - Fête de l'Humanité 98 - La Courneuve (Seine-Saint Denis) - Déclaration Universelle Droits de l'Homme

1998   MADI Naples - Palazzo Festa Ostiglia - Mantova (Italie) - Movimento arte Madi

1998   MADI Naples - Castelnuovo - Naples (Italie) - MADI

1998   Mouvement MADI Italie - Arte Struktura Milan - Villa Campolieto Ercolano Naples (Italie) - Movimento arte madi

1998   Salon des Réalités Nouvelles - Paris (Espace Eiffel - Quai Branly)

1998   Salon Grands et Jeunes d'aujourd'hui - Paris (Espace Eiffel - Quai Branly)

1998   Young Museum Palazzo Ducale - Revere (Italie) - Nuova Visualita Internazionale

1999   Civica Galleria d'Arte Moderna - Gallarate (Italie) - Da Madi a Madi (1946-1999)

1999   Galerie Convergence et Association Essor et Château blinois - Château de la Groulais à Blain (44) - Hommage de MADI à Gorin

1999   MADI Naples - Associazione Culturale Il Pilastro Santa Maria Capua Vetere - Caserta (Italie) - Movimento Arte Madi

1999   MADI Naples - Libreria Franco Maria Ricci - Naples (Italie) - MADI in perspective

1999   Salon des "Réalités Nouvelles" - Paris (Espace Eiffel - quai Branly)

1999   Salon Grands et Jeunes d'aujourd'hui - Paris (Espace Eiffel - quai Branly)

2000   Centre culturel de Morsang-sur-Orge - Château de Morsang-sur-Orge (Essonne) - Mouvement MADI international

2000   MADI Italie - Palazzo Reale di Portici - Naples (Italie) - ARTE MADI

2000   Mondriaanhuis - Amersfoort (Hollande) - An overview of international abstract-geometric art

2000   Salon des Grands et Jeunes d'aujourd'hui - Ecole Nationale Supérieure des Beaux-Arts - Paris

2000   Salon des Réalités Nouvelles - Paris (Espace Eiffel - Quai Branly)

2001   Bätsmanskasernen - Karlskrona Kommun (Suède) - MADI

2001   Forum Omegna - Omegna (Italie) - Nuova Visualita Internazionale

2001   Galerie Emilia Suciu - Ettlingen (Allemagne) - Arte MADI Freie geometrie

2001   Gulf Coast Museum of Art - Largo (Floride USA) - MADI Outside the box

2001   Polk Museum of Art - Lakeland (Floride USA) - MADI Outside the box

2001   Salon des Réalités Nouvelles - Paris (Espace Auteuil - Place de la Porte d'Auteuil)

2002   Muzeum Alapitvany (Budapest) - Magyar Köztarsasag Kulturalis Intézete (Brastislava) - Budapest (Hongrie) - Bratislava (Slovénie) - Kassak és a MADI

2002   Salon des Réalités Nouvelles - Paris (Espace Auteuil - Place de la Porte d'Auteuil)

2002   South Art Gallery - Miami (Floride USA)   - MADI exhibition

2003   7° Salone d'Arte Moderna - Forli (Italie) - Arte Struktura

2003   Arte Struktura - Milan (Italie) - L'arte costruisce l'europa

2003   The Museum of Geometric and MADI art - Dallas (USA) - MADI (exposition inaugurale du Musée)

2003   Museo de Arte Contemporaneo Latinoamericano - La Plata (Argentine) - Movimiento MADI internacional

2003   Salon des Réalités Nouvelles - Paris (Espace Auteuil - Place de la Porte d'Auteuil)

2004   Direction culturelle de Montigny-le-Bretonneux - Montigny-le-Bretonneux (78) - Mouvement MADI

2004   Museo d'arte G.Bargellini - Pieve do Cento (BO) (Italie) - Omaggio all'arte geometrica

2004   Orion (galerie MADI international) - Paris - MADI

2004   Salon des Réalités Nouvelles - Paris (Parc Floral de Paris)

2005   Centre d'Art Géométrique MADI Galerie Orion Paris - Mobile Amovible Coplanal Articulable Variable

2005   Musée MADI - Sobral (Brésil) - MADI

2005   Salon des Réalités Nouvelles - Paris (Parc Floral de Paris)

2005   The MADI Museum & Gallery - Dallas (USA)- Celebration of geometric art

2006   Centre d'Art Géométrique MADI - Galerie Orion - Paris - Monochrome MADI

2006   Le Salon - Nantes - Un artiste, une oeuvre, une création culinaire

2006   Le Salon (Jane Rivet) - Nantes

2006   Mairie du XXème arrondissement en partenariat avec Orion - Galerie MADI international - Paris - Le Mouvement MADI

2006   Mobil MADI Museum - Brastislava Old-town district- Cultural Institute of the Hungarian Republic - Gallery Z - Brastislava (Slovakia) - Mobil MADI

2006   NCCA National Centre for Contempoprary Art et International Mobile MADI Museum Foundation (Budapest) - Moscou - supreMADIsm

2006   Salon des Réalités Nouvelles - Paris (Parc Floral de Paris) - 60° Salon des Réalités Nouvelles

2006   Spazio Lattuada - Milan (Italie) - Arte MADI Internazional -

2007   Association pour la création de la Cité des Géométries - Maubeuge (France) - MADI noir et blanc

2007   Centre d'Art Géométrique MADI - Galerie Orion - Paris - MADI blanc et noir

2007   Galerie des Wantiers - Valenciennes (France) - MADI 07

2007   Château de Tours - Tours (France) - Permanence de l'abstraction géométrique aux Réalités Nouvelles

2007   Musée d'Art et d'Histoire - Cholet (France) - Collections "Acquisitions 1993-2007"

2007   Kultúrne leto a Hradné slávnosti - Bratislava (Slovaquie) - Socha a objekt XII

2007   Loreto Arenas y Laura Haber Galeria - Buenos Aires (Argentine) - Encuentro MADI - La Argentina + el mundo

2007   Centre d'Art Géométrique MADI - Galerie Orion - Paris - Triangle MADI

2007   Mairie du XX° arrondissement en partenariat avec le Centre Orion - Paris - MADI Noir et Blanc et 3 sculpteurs Coadou, St Cricq, Thomen

2007   Mobil MADI Museum - Budapest (Hongrie) - NYITOTT FORMAK A ZART TERBEN (Formes libres dans un espace fermé)

2008   Maison de l'Amérique Latine - Paris - Mouvement MADI International

2008   Asssoziazione Arte MADI Internazionale/Galleria Spazio Arte- Pisanello Verone (Italie) - Internazionale MADI a Verona

2008   Galleria Civica Gian Battista Bosio - Città di Desenzano del Garda (Italie) - L'arte costruisce l'Europa

2008   Galleria Scoglio di Quarto Milan - Arte MADI Italia - Milan (Italie) - Le teorie del MADI

2008   Jean-Michel Gout-Werner MADI-ART GALLERY et Galerie François Féderlé - Barbizon (France) - Œuvres MADI

2008   MACLA - Museo de arte contemporaneo latinoamericano - La Plata (Argentine) - MADI Internacional

2008   Governo do Ceara - Museu MADI de Sobral - Centro Dragao do Mar e Cultura - Fortaleza (Brésil) -MADI

2008   Scoglio di Quarto - Associzione arte madi italia - Milan (Italie) - teorie del MADI

2009   Madi Movimento Internazionale - Galleria al Blu di Prussia (Naples) -- Naples (Italie) -Oltre la geometria

2008   Mobil MADI Muzeum - Pecs (Hongrie) - ArsGEometrica 2008

2009   Conservatoire des Arts - Montigny-Le-Bretonneux (78) - Bichrome MADI

2010   Galleria Marelia - Bergame (Italie) - Noir et Blanc

2010   MAGI '900 - Museo delle eccelenze Artistiche e Storiche - Pieve Di Cento (BO) (Italie) -MADI collezione permanente

2010   Espace culturel Max Jacquet - Barbizon (France) -L'Angélus a 150 ans

2010   Galerie Akié Arichi - Paris - Galaxie des artistes MADI

2010   Centro cultural Borges - Buenos Aires (Argentine) - MADI - Buenos Aires - Internacional

2010   Associazone Arte Madi Movimento Internazionale Italia - Castel dell'Ovo - Naples (Italie) - Complementarita

2011   Kanalidarte - Brescia (Italia) - Noir et Blanc MADI

2011   Centre International d'Art contemporain (CIAC) - Carros (France) - De Arden Quin à MADI contemporain

2011   Faculty of Mechanical engineering - Safety Technologie of the Obuda University and Industrial culture in an international context - Budapest (Hongrie) - INTERGEOMETRIA - Modern Hungarian Art

2011   Musée d'Art et d'Histoire - Cholet (France) - MADI - Arden Quin & Co

2011   Factory 49 - Sydney (Australie) - MADI International Piccolo Formato

2012   Médiathèque Hevé Bazin - Trélazé (France) - L'Europe des artistes : les mouvements géométriques

2012   Atelier dei Tadini - Accademia di belle Arti Tadini - Lovere - Bergame (Italie) - MADI Una geometria oltre le regole

2012   Nattavaara-Akademin - Centre Culturel International - Sarvisvaara (Suède) - Hommage à Vantongerloo et MADI (Noir et Blanc MADI)

2013   Mairie de Saint-Florent-le-Vieil - Saint-Florent-le-Viel (49) - Sortir du cadre

2013   Galerie Atelier 28 - Lyon - Géométries croisées

2013   Széchenyi Istvàn Egyetem - Györ (Hongrie) - 20 ans du Mobile MADI Muséum

2013   Obudai Egyetem - Budapest (Hongrie) - 20 ans du Mobile MADI Muséum

2013   Gallerie Art & Co et Association MADI Italie - Caserta (Italie) - Segmento Complementarità

2013   Galerie Aller Simple - Longjumeau (91) - Carmelo Arden Quin 1913-2010 & Madi Blanc et Noir

2014   Mobile MADI Muzeum - Vac (Hongrie) - International Mobile MADI Muzeum VAC

2014   Galerie Orié - Tokyo (Japon) - MADI SUPER

2015   MI gallery - Osaka (Japon) - MADI - petit format

2018   21st Century Museum of Contemporary Art - Kanazawa (Japon) - MADI. The other geometry

2019   Galeria de Arte Palermo H - Buenos Aires (Argentine) - MADI Buenos Aires - MADI Internacional

2019   Galeria Marella - Bergame (Italie) - SUPER MADI

2019   Saxon Art Gallery - Budapest (Hongrie) - SUPER MADI

2022   Museo National de Bellas Artes - Buenos Aires (Argentine) - Carmelo Arden Quin, en la Trama del arte constructiva

2023   Saxon Art Gallery - Budapest (Hongrie) - La influencia de MADI en el arte geométrico

COLLECTIONS PUBLIQUES

Artothèque – Nantes (France)

Associazione culturale Arte struktura – Milan (Italie)

Civica Galleria d'Arte Moderna - Gallarate (Italie)

Fondation internationale MADI - Budapest (Hongrie)

Mondriaanhuis - Amersfoort (Hollande)

Museum of Geometric and MADI Art - Dallas (USA)

Musée MADI - La Plata (Argentine)

Musée MADI - Sobral (Brésil)

Musée Satoru - Tome (Japon)

BIBLIOGRAPHIE

(Textes sur Jean Branchet)

Christophe Cesbron — Jean Branchet à la Galerie Convergence
Ouest-France (13 mars 1995)

Jean Branchet — Un peu d'histoire. Mon géométrisme
Galerie Convergence Nantes (1995)

Jean Théfaine — Les harmoniques de Jean Branchet
Ouest-France (4-5 mars 1995)

Jean-Paul Queuille — Un anniversaire et une naissance
Presse-Océan (7 mars 1995)

Jean-Paul Queuille — Le triangle d'art nantais
Presse-Océan (7 mars 1995)

Jean-Pierre Nuaud — Jean Branchet
Revue "303" XLIV (1995)

Marcel Galerneau — L'exigence de géométrie
(Catalogue exposition Galerie Dorval - Paris 1995)

Bernard Lahaye — Jean Branchet "Lignes de vie"
Talents 44 (n° 25 - avril 1998)

Bernard Noël — Jean Branchet
Editions Joca Seria - Nantes

Christophe Cesbron — Quand l'économiste est avant tout un artiste
Ouest France (7 avril 1998)

Gérard Xuriguera   Jean Branchet
                        CIMAISE (n° 259 mai-juin 1999)

Gérard Xuriguera   Jean Branchet
                        Demeures & Châteaux n° 111 (janvier 1999)

Jean-Pierre Nuaud   Jean Branchet
                        Tréméac Information n°13 (janvier 1999)

Pierre Giquel   Les équivalences heureuses
                        Centre Athanor Guérande et Blain (44)

Christophe David   La géométrie artistique de Jean Branchet
                        Ouest-France (3 décembre 2002)

Pierre Giquel   Jean Branchet joue avec les formes
                        Ouest-France (5 décembre 2002)

Christophe Cesbron   Une étonnante numérisation de l'espace
                        Pil' n° 284 - Nantes (novembre 2004)

Pierre Giquel   Convergence : Une exigence soutenue
                        Revue 303 (2007)

Véronique Potiron   Jean Branchet - Parcours pour des cités idéales
                        Ouest-France (11 janvier 2010)

OUVRAGES DE RÉFÉRENCE

(avec une œuvre reproduite)

1996 - l'arte costruisce l'europa - arte struktura - Milan

1996 - MADI internacional 50 anõs después - centro de exposiciones y
congresos - Zaragoza - Espagne

1997 - ARTE MADI - Museo Nacional Centro de Arte Reina Sofia, Madrid

1997 - Nuova visualita internazionale - arte struktura - Milan

1999 - Da MADI a MADI (1946-1999) - civica galleria d'arte moderna
di gallarate - Italie (Mazzotta)

2000 - All'alba del terzo millennio - istituto grafico editoriale italiano -
Portici, Naples

2000 - Arte MADI fin de milenio (Editorial Godoy - Espagne)

2001 - Movimento Astrazione Dimensione Invenzione - arte struktura - Milan

2004 - Omaggio all'arte geometrica - Associazione ARTE MADI - Portici, Napoli

2004 - Universo esprit de géométrie - San Nicola la Strada, Caserta - Italie

2005 - MACLA museo de arte contemporaneo latino americano
La Plata (Argentine)

2006 - Arte MADI internazionale - Spazio lattuada - Milan (Edizioni Odissea)

2006 - Madi monochrome - Orion - MADI art periodical n°9 - Budapest

2006 - SupreMADIsm (Moscou - 2006) MADI art periodical n°8 - Budapest

2007 - Collections Acquisitions 1993-2007 - Musée d'Art et d'Histoire - Cholet (France)

2007 - Permanence de l'abstraction géométrique aux Réalités Nouvelles (Château de Tours)

2008 - Internazionale MADI a Verona

2008 - L'arte costruisce l'europa - arte struktura - Milan

2008 - Le teorie del MADI Scoglio di Quarto - Milano

2008 - Mouvement MADI International - Maison de l'Amérique Lartine - Paris

2008 - Satoru Sato Art Museum - Tome City, Miyagi (Japon)

2009 - Bichrome Madi - Conservatoire des Arts Montigny-le-Bretonneux (78)

2009 - Madi Movimento Internazionale - Oltre la geometria- Gutenbert Edizioni Naples

2010 - Noir et Blanc MADI galleria MAReLIA Bergamo (Italie)

2010 - MADI collectione permanente MAGI '900 Museo delle eccelenze Pieve di Cento (BO) (Italie)

2010 - Complementarita MADI - Castel dell'Ovo Naples (Italie)

2011 - La Cohue, Musée des Beaux-Arts - Vannes
Musée de l'Abbaye de Ste Croix - Les Sables d'Olonne (France)

2011 - MADI - Musée de Cholet (France)

2022 - Carmelo Arden Quin, en la Trama del arte constructivo - Museo de Bellas Artes de Buenos Aires (Argentine)

LIENS EXTERNES

Site Jean Branchet

http://jbranchet.fr/

YouTube

https://www.youtube.com/channel/UCyyDxoAlc6nwTAXysErDGtA/videos?view_as=subscriber

Galerie Convergence

http://www.jbranchet.fr/galerie%20convergence/1erepagegconv.html

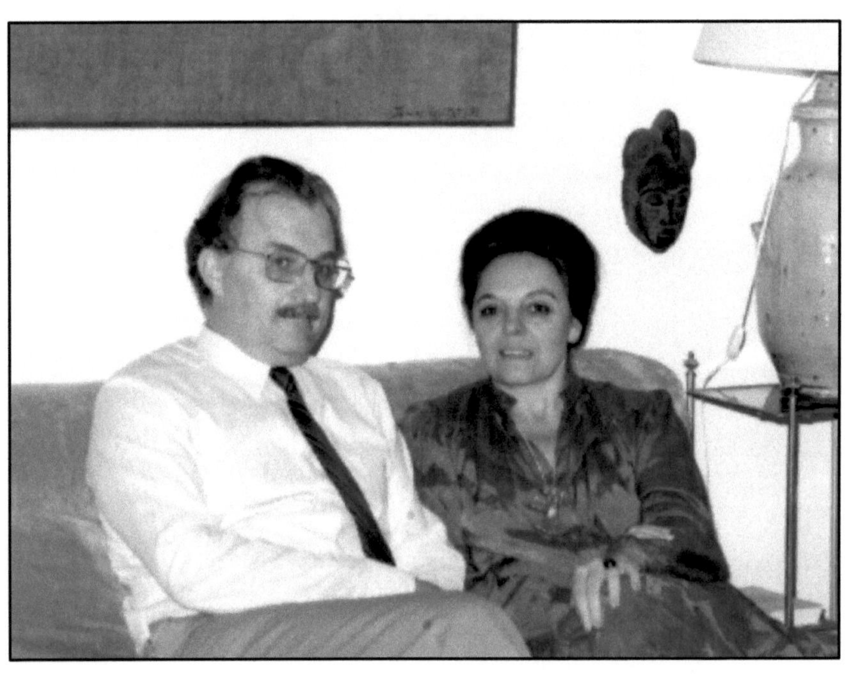

AUTRES DOCUMENTS

UN PEU D'HISTOIRE

Je suis né à Lons-le-Saunier, dans le Jura, le 14 novembre 1934. En 1939, sur les conseils de mon frère aîné, alors militaire dans l'armée de l'air à Toulouse, nous nous sommes installés dans cette ville, ma mère, ma sœur, mon autre frère et moi, juste après la déclaration de guerre.

Pendant les deux années précédant la fin de la guerre, ma sœur et son mari tenaient un hôtel-restaurant à Rieumes, un village proche de Toulouse. Ils nous ont hébergés, ma mère et moi. Heureux temps ! L'école buissonnière était de rigueur avec ses parties de pêche, ses cueillettes de champignons et ses baignades plus ou moins interdites. Alors que Toulouse était bombardée et que les maquisards parcouraient le pays, inconscients du danger, la bande de garnements dont je faisais partie jouait à "la guerre des boutons" contre une bande rivale. Au cours de cette triste période, ma mère a évité à deux reprises que des personnes juives soient arrêtées au cours des rafles organisées par le gouvernement de Vichy. De retour à Toulouse en 1944, le scoutisme a été mon principal centre d'intérêt. Beaucoup de souvenirs. Les plus tenaces ? Les camps, les veillées autour d'un feu de bois, la vie dans la nature, l'observation des animaux, des insectes, la connaissance des végétaux, la spéléologie, la préhistoire ...

Comme beaucoup, j'ai manié le pinceau depuis ma jeunesse avec plus ou moins de régularité et de bonheur : paysages de vacances ou imaginés, bouquets de fleurs, portraits plus ou moins ressemblants... Le résultat ne me plaisait pas souvent, mais je m'obstinais quand même. Je sentais déjà confusément que la peinture était autre chose qu'une simple tentative de représentation de la réalité, me doutant que la couleur était très importante par elle-même, que la touche, le maniement du pinceau n'étaient pas neutre, que le dessin avait sa propre vie, son propre rythme. Sur le chemin du collège au centre de la ville, je m'arrêtais souvent devant les deux ou trois galeries qui présentaient de la peinture dite moderne mais bien conventionnelle.

Cela me laissait tout à fait indifférent. Des visites au Musée des Augustins, au bord de la Garonne, avec ma classe et sous la direction du professeur de dessin, me captivaient beaucoup plus. Un jour, il nous a désigné, en disant le plus grand bien, une toile qui m'a suffisamment interpellé pour que je m'en souvienne encore. Était-elle abstraite ? Certainement. C'était un grand triangle peint dans une tonalité dominante grise ou ocre. Ce même professeur peignait des paysages avec une minutie incroyable. Je les trouvais, allez savoir pourquoi, sans aucun intérêt et bien besogneux. Comment mon professeur pouvait-il aimer le triangle en question ? Je l'ai aperçu, des années plus tard, dans une galerie réputée toulousaine, la galerie Protée, commentant avec chaleur des tableaux de Soulages à un groupe d'étudiants. Un autre souvenir n'a jamais quitté mon esprit. Dans la cour de l'immeuble où j'habitais, une nouvelle construction était en cours. C'était pendant la guerre. Beaucoup d'espagnols qui avaient fui l'Espagne après 1936 travaillaient dans le bâtiment. Un maçon m'ayant vu peindre ou dessiner s'intéressa à moi et me dit être artiste peintre. Il me montra quelques petites toiles qu'il venait de réaliser. Elles ne représentaient rien de bien discernable aux yeux d'un enfant mais elles me frappèrent. Le sérieux et la sincérité du peintre-maçon m'impressionnèrent fortement. Peut-être était-ce cela la peinture ? Mon collège préparait au baccalauréat "Mathématiques et Techniques". J'étais assez bon en mathématiques et en géométrie, surtout descriptive. Mais l'histoire, la géographie et la littérature avaient ma préférence. J'aimais les travaux d'atelier : ajustage, tournage, alésage ... Des cours de dessin industriel étaient également dispensés. Je trouvais les études réalisées belles en soi, indépendamment de la chose représentée.

Il m'a fallu attendre 1953, date de mon arrivée à Paris, pour vraiment découvrir l'art contemporain. Visitant le Salon des Réalités Nouvelles, j'en suis ressorti abasourdi. Tous ces tableaux abstraits, toutes ces couleurs, ces constructions m'ouvraient les yeux sur un monde jusqu'alors inconnu. Des visites faites à d'autres salons, plus réalistes et de "bon goût", m'ennuyaient par contre profondément. Bien sûr, j'étais loin de me douter que, moi-même, j'exposerai quarante plus tard, au Salon des Réalités Nouvelles.

Nombreuses ont été les visites au Musée National d'Art Moderne, mais encore plus nombreuses au musée du Louvre. Le quartier Saint Germain était mon lieu préféré de Paris avec ses « Clubs » de jazz et surtout ses nombreuses galeries. Leurs vitrines m'attiraient tout particulièrement, osant rarement pénétrer dans les lieux. Durant la période 1953-1959 les études et les stages m'ont conduit de l'Ecole professionnelle des Télécommunications à un certain nombre de centraux téléphoniques et radiophoniques à Paris et à Pontoise. Parallèlement, j'assistais aux cours de la Faculté de Droit et de Sciences économiques de la Sorbonne, sur la Butte Sainte Geneviève. Pendant plusieurs années l'étude de la guitare classique a occupé tout mon temps disponible. Jouer de la guitare classique à cette époque n'était pas commun. C'est en écoutant à la radio Ida Presti et Alexandre Lagoya que l'envie de pratiquer cet instrument s'est imposée à moi. Le maître incontesté était alors Andres Ségovia. Les cours auxquels j'assistais étaient donnés dans la cave voûtée d'un magasin de musique rue Descartes : « L'Académie de guitare de Paris » . Les professeurs : Christian Aubin, Ramon Cueto, Jean Lafont... En fait j'aurais aimé devenir compositeur. Mais la réalité devait être autre. Après mon mariage, en 1957, et en 1960, au retour du service militaire dans le Service de Santé des Armées, mon parcours professionnel m'a conduit à exercer, tout à tour, des activités de statisticien, prévisionniste, organisateur, professeur de gestion, financier, galeriste... et, peut-être, celle d'artiste-peintre ?

Le désir de perfectionner le dessin m'a fait fréquenter pendant quelques mois l'atelier de modèle vivant d'Yves Brayer, à la Grande Chaumière. Mais je me suis vite rendu compte que ce n'était pas ma voie.

Marié en 1957, j'ai eu la chance de voir mon épouse s'intéresser immédiatement à la peinture et à la musique. D'où nos nombreuses visites au Louvre, au Musée d'Art Moderne et aux galeries du quartier Saint-Germain, nos deux enfants sur les bras ou dans les jambes. La promesse d'une friandise les faisait patienter, plutôt calmement, jusqu'à la sortie de ces édifices dédiés aux grandes personnes sérieuses. Mais il fallait alors s'exécuter dans les plus brefs délais !

En 1960, pendant mon service militaire, j'avais en charge le bureau des Effectifs du Service de Santé à la caserne de Vincennes, à Paris. Pour remplacer le secrétaire démobilisé il me fallait trouver, au plus vite, un remplaçant à choisir dans les nouvelles recrues. A cette époque, dénicher un homme sachant taper à la machine à écrire était une véritable prouesse. Il se présenta pourtant. Pianiste, j'appris alors qu'il venait d'obtenir le grand prix du concours de Genève ! C'était Dominique Merlet. Nous sommes restés amis. Dieu sait à combien de concerts privés nous avons assisté ? Combien de fois nous sommes allés l'écouter à l'orgue de l'église des Blancs-Manteaux, dans le Marais, dont il était le titulaire. Le dimanche après-midi il nous arrivait d'aller au théâtre des Champs-Elysées écouter Boulez diriger l'orchestre du « Domaine musical ». Pour enseigner l'interprétation à ses élèves Dominique Merlet se réfère souvent à la peinture. Quant à moi, pour parler de peinture, des correspondances avec la musique me viennent souvent à l'esprit.

Qu'elles ont été mes premières émotions esthétiques ? Les grands noms présentés alors par le Musée d'Art Moderne : Braque, Matisse, Delaunay, Kupka, Bonnard et Léger. Puis il y a eu Picasso, bien sûr. Un jour, j'ai vu une œuvre de Klee ! Puis un Kandinsky, alors là ! Puis un Mondrian ! un Miro ! Puis des expressionnistes allemands. Puis...

En 1969, le musée de l'Orangerie présentait une exposition Mondrian organisée par Michel Seuphor. Michel Seuphor que je connaîtrais intimement des années plus tard. J'ai travaillé longuement sur son œuvre, tant littéraire que picturale, ayant ainsi le privilège d'approcher, sur pièces et avec l'un des grands témoins, une bonne partie de l'histoire de l'art du XX° siècle.

Des voyages m'ont conduit dans un certain nombre de pays. Toutes les occasions étaient bonnes pour visiter les musées des villes où je séjournais et les revoir lors d'un éventuel nouveau passage.

Pendant les années   soixante j'ai peint. Peu de choses, mais je voulais avoir mon "Braque", mon "Matisse", mes "Klee", mes "Kandinsky", mes "expressionnistes" et même, à la suite de vacances passées en Italie, mes peintures "Renaissance italienne".

Bien sûr je ne copiais aucune œuvre, seul l'esprit, la lumière, l'expression m'intéressaient. Bien que très vite l'aspect construit soit apparu dans mes œuvres plus personnelles, je n'ai jamais osé avoir mon "Mondrian".

Les hasards professionnels nous ont amené à Nantes, mon épouse et nos enfants. La "révolution" de 1968 venait juste de se terminer. Nous avons aussitôt fréquenté les Galeries Argos et Michel Columb. Madame Charles-Bourgeat a présenté dans la Galerie Argos un très large éventail des grands créateurs des années cinquante-soixante. Dommage que les achats du Musée des Beaux-Arts de Nantes ne fussent pas plus nombreux. C'est au cours du vernissage d'une exposition consacrée à Michel Seuphor que j'ai fait sa connaissance, tout étonné de découvrir que celui qui, depuis si longtemps, parlait de l'art moderne était bien vivant et, par surcroît, sympathique et bienveillant. La Galerie Michel Columb, dirigée par une bretonne de forte personnalité, Mademoiselle Marot, exposait depuis la fin des années quarante les principaux artistes de la région. Elle a été une des premières galeries à exposer Gaston Chaissac, le vendéen, sur le conseil de Dubuffet au cours d'un de ses passages à Nantes. Exposition très peu appréciée par les Nantais, rappelait souvent Mademoiselle Marot.

A notre arrivée à Nantes nous avons rencontré les peintres Jorj Morin, Louis Ferrand et Jean Billecocq. Ils m'ont proposé de devenir le président du Groupe "Archipel", groupe qui réunissait une dizaine d'artistes de la région. Nous organisions des expositions à Nantes et dans les environs, et éditions des recueils pour chacun d'eux. Une réelle amitié existait entre eux et les soirées que nous organisions attiraient beaucoup de monde.

Julien Lanoë, était un familier de la Galerie Michel Columb. Grand bourgeois, président depuis de longues années de la Société des Amis du Musée des Beaux-Arts, il était ou avait été ami avec de nombreux peintres, dont Jean Bazaine, et poètes tels que Jean Cocteau, Reverdy, Max Jacob.... Il avait créé, au début des années trente, une revue nantaise de littérature d'avant-garde, "La Ligne de cœur". Les Nantais lui doivent l'achat par la Société des Amis de nombreuses œuvres qui font aujourd'hui l'orgueil du Musée.

Je fus pendant un certain temps son vice-président.

Claude Souviron était alors conservateur du Musée des Beaux-Arts. Personnage haut en couleurs, disert, spirituel, de grande culture, il pouvait mettre une belle ambiance lors des inaugurations d'expositions ! Certaines sont encore dans la mémoire des Nantais... Pour commenter un tableau, il était capable de s'enflammer, devenir lyrique, chanter les airs d'opéra qui lui paraissaient les plus en harmonie avec l'œuvre. Lui aussi, à sa façon, voyait des affinités évidentes entre la musique et les arts plastiques. Aux expositions prestigieuses qu'il organisait, il savait accorder une place non négligeable aux artistes de la région. Pour lui le rôle normal du musée devait, non seulement faire connaître les gloires du moment, mais également la création locale.

En 1975, nous avons ouvert notre propre galerie. Mon épouse prenait en charge le fonctionnement du commerce lui-même, les invitations aux vernissages, la publicité, la réception des visiteurs, ... Quant à moi je m'occupais des relations avec les artistes, de l'organisation des expositions, de la comptabilité et des transports. C'est-à-dire ce qui était possible d'accomplir les samedis, les dimanches et pendant mes déplacements professionnels. En fait ce projet trottait dans notre tête depuis longtemps. Nous l'avions déjà envisagé avant notre départ de Paris. En 1972, la Galerie Argos avait cessé son activité. Nos enfants étaient suffisamment grands pour bénéficier d'une certaine indépendance et nous d'une plus grande liberté. Nous nous sommes donc lancés dans l'aventure, car aventure il y avait. Dès le début les visiteurs ont pu se rendre compte que nous ne suivions pas une tendance spécifique. Nous désirions présenter l'éventail le plus large possible de la création contemporaine : abstraction tant lyrique que géométrique, expressionnisme, figuration narrative, nouveau réalisme, primitivisme, surréalisme, land art... Toutefois, nos choix ont toujours été très peinture-peinture. Nos critères de sélection ? Aimerions-nous avoir une œuvre de tel artiste pour notre propre collection, même si, souvent, c'était hors de portée de notre bourse ? L'art qui, pour être compris, nécessite de longs discours explicatifs, aussi savants et pertinents soient-ils, ne nous intéresse pas.

La sensibilité, la perspicacité de celui qui aime resteront toujours les meilleurs filtres de détection de la qualité et de la permanence d'une œuvre. Comment expliquer que des hommes du XXI° siècle soient touchés par des créations de l'art égyptien, grec ou précolombien, africain ou océanien ? Et ceci directement, sans explications, sans nécessairement connaître l'écriture, la littérature, la civilisation de l'époque de leur réalisation. Quelles sont les raisons qui font que Michel-Ange est Michel-Ange ? que Delacroix n'est pas qu'un simple peintre orientaliste ? que Van Gogh a mis dans sa peinture plus que sa vie agitée et dramatique ? Certains esthéticiens de l'art ont la certitude, comme je l'ai entendu dire dans un colloque spécialisé, que l'analyse d'une œuvre selon des critères bien établis, pouvait décider de sa qualité, de sa pertinence et de son importance dans l'évolution de l'art contemporain ! J'ai entendu des professionnels de la culture officielle affirmer que, de nos jours, vu les moyens d'informations disponibles, il n'était plus possible de se tromper, plus possible de rater un grand artiste ! C'est bien méconnaître les remises en cause permanentes des histoires successives de l'art contemporain. Ayant travaillé dans un certain nombre d'entreprises de produits de grande consommation, je sais ce que peut obtenir un bon marketing, un budget publicitaire conséquent, des relations publiques efficaces. Le produit doit, tout de même, être suffisamment valable pour tenir un certain temps. Mais comment ne pas être influencé par les articles d'un "bon" critique d'art, édités dans de "bonnes" revues d'art ? Comment ne pas être impressionné par la répétition d'encarts publicitaires bien choisis, par l'édition de volumineuses monographies richement illustrées, par des expositions présentées dans des lieux officiels prestigieux... Et, critère absolu, par la cote atteinte par l'artiste ! La galerie nous a permis de connaître un grand nombre d'artistes et de constituer notre propre collection. Pendant quelques années, et en association avec des amis, une Galerie Convergence a existé à Paris, rue des Archives, et une autre, plus éphémère, à Malmö, en Suède. La crise qui a touché le marché de l'art, dans les années 90, a mis fin à ces deux activités.

En 1988, le Centre de Recherche pour le Développement Culturel (CRDC), l'organisme culturel nantais à qui l'on doit, entre autres événements, les folles nuits des « Allumées », « Traffic », « Fin de siècle », « Les nuits blanches », « Estuaire », a présenté une partie importante de notre collection à la chapelle des Franciscains à Saint-Nazaire, au Musée Municipal de La Roche-sur-Yon et au CRDC, chaussée de la Madeleine à Nantes. Le commissaire de l'exposition était Alain Le Bras, personnage chaleureux, fantasque, ami et artiste que nous présentions dans notre galerie. C'était la première fois que nous avions l'occasion de voir un large ensemble de nos peintures et sculptures, les murs de notre appartement ne permettant pas, hélas, un tel accrochage.

Nous avons fermé la galerie Convergence au début de l'année 2000, après vingt-cinq ans d'existence. En 1993 une crise du marché de l'art faisait logiquement suite à une période spéculative déraisonnable. Au cours des années qui ont suivi le marché s'est maintenu à son plus bas niveau. En province tout particulièrement. Nous en avons donc tiré les conséquences.

En ce qui concerne mon propre parcours artistique voici quelques repères :

Au début des années soixante mes premières peintures montrent l'influence des artistes que j'aimais. Klee en premier lieu, puis Kandinsky et Miro. Ensuite mes centres d'intérêt se sont multipliés et diversifiés avec Matisse, Léger, Mondrian, l'expressionnisme allemand, le futurisme italien, le dadaïsme, le surréalisme, toutes les formes d'art abstrait et bien d'autres. Les réalisations du Bauhaus me fascinent toujours. L'art géométrique découvert au Salon des Réalités Nouvelles à mon arrivée à Paris m'attirait tout particulièrement, attrait certainement dû au plaisir que je prenais au collège pour le dessin industriel et le façonnage d'objets à l'atelier de métallurgie.

Mais la réalisation d'œuvres dans cette tendance ne s'est imposée que progressivement. A partir de 1969 mes toiles adoptent la géométrie avec, toutefois, des emprunts au monde de Kandinsky ou de Miro.

Un certain réalisme est réapparu en 1970. Brève période avant que la voie abstraite ne s'impose à nouveau avec quelques incursions dans l'univers surréaliste, ou même expressionniste. Des personnages, sortes de robots, sont apparus, surtout à partir de 1977 où ils constitueront le thème majeur des gravures réalisées à cette période comme nous le verrons par la suite.

Mon œuvre est devenue significative à partir de 1970-71. La découverte de la peinture acrylique m'offrait la possibilité de réaliser des surfaces colorées bien homogènes et séchant rapidement. Je peignais les samedis et les dimanches et lorsque mes occupations professionnelles me laissaient quelques disponibilités. Un tableau était réalisé en un, deux ou trois week-ends. L'usage du tire-ligne et du compas me permettait de tracer des traits précis. Les couches de peinture pouvaient être superposées autant de fois que nécessaire et dans un laps de temps relativement réduit. Les pinceaux se nettoyaient aisément.

De 1973 à 1977 Jorj Morin, artiste nantais du groupe Archipel, m'a initié à la gravure à l'eau-forte. Le samedi matin, je me rendais chez lui pour tirer sur sa presse les plaques gravées au cours des jours ou des semaines précédentes. Thème dominant : des personnages robotisés évoluant dans des paysages fantastiques.

De 1978 à 1980 j'ai peint des villes imaginaires, irréelles, dans une large gamme de couleurs. Villes d'un autre monde, aux perspectives accusées, la vie humaine y semble absente. Compositions de cubes, pyramides, cylindres, sphères, cônes. Des années plus tard, je retrouverai cette atmosphère de villes irréelles dans ma série de DVD proposant des voyages dans « Des Mondes rêvés ».

Puis ce fut la période des "totems", compositions symétriques et hiératiques. Nous venions de faire nos premières expositions et acquisitions de sculptures et de masques africains. C'est l'ethnologue Jean-Marie Gibbal, malheureusement trop tôt disparu, qui nous a ouvert à cet art.

Également critique et éditeur de revue d'art, il nous a fait connaître, entre autres, Bernard Noël, Hervé Télémaque et Colette Deblé.

Enfin, en 1980-81, ma "voie" était trouvée, ma façon de m'exprimer, sans lassitude, avec des moyens élémentaires mais aux possibilités infinies : ligne, cercle, carré, rectangle, en un mot tout le langage géométrique.

De 1981 à 1987 la photographie m'a intéressé développant et tirant moi-même les clichés. Quelques-uns étaient agrandis, essentiellement des vues prises au cours de mes voyages. Découpés, assemblés et collés les montages obtenus offrent souvent une atmosphère insolite des lieux photographiés. Par exemple celle, assez irréelle, de Nantes obtenue avec des vues prises dans la brume du matin.

La rencontre au début des années 70 de Michel Seuphor a été fondamentale en ce qui me concerne. Comme je l'ai déjà dit c'était à un vernissage de ses œuvres à la galerie Argos. Par la suite j'ai eu de nombreux contacts avec lui. Il a mis à ma disposition ses archives extraordinaires couvrant pratiquement la totalité de l'art abstrait du XX° siècle. Michel Seuphor est certainement le seul témoin ayant participé activement à l'émergence et au développement de l'art abstrait au cours du siècle. Le musée des Beaux-Arts de Nantes a exposé ses dessins à lacunes en 1966 et 1985. L'Université de Nantes, et ce grâce à Daniel Briolet et Yves Cosson, a organisé en 1985 un important colloque international dédié à son œuvre littéraire, œuvre comprenant des romans, recueils de poésie, essais, histoires de l'art et des nombreuses critiques d'art.

Autre rencontre majeure, celle de Carmelo Arden Quin en 1990 au cours d'un vernissage organisé par la galerie Convergence de Paris. Il fut l'initiateur du mouvement MADI International. Lancée à Buenos-Aires en 1946, cette tendance d'art géométrique rejette la forme rectangulaire traditionnelle des tableaux, forme héritée de la Renaissance, encadrée, concentrant ainsi le regard sur l'œuvre telle que paysage, portrait ou nature morte. Au contraire, le manifeste MADI de 1946 préconise la polygonalité des œuvres d'art. Toute création géométrique doit tendre vers une forme polygonale.

Peintes avec des à-plats de couleur, les créations MADI n'ont d'autre signification qu'elles-mêmes. Créativité, lucidité, invention permanente de formes sont des objectifs à atteindre. L'environnement fait partie de l'œuvre, l'œuvre appartient à l'environnement.

En 1954, le Salon des Réalités Nouvelles à Paris consacrait un espace à des créations MADI. Je me souviens de cette exposition, c'était peut-être bien le premier salon que je visitais, et j'étais loin de penser qu'un jour je participerais à ce mouvement. Nous avons organisé des expositions de Carmelo Arden Quin à la Galerie Convergence de Nantes et, depuis, mon travail a adopté la voie tracée par MADI.

Au début des années 90 des sculptures ont vu le jour mais c'est à partir de 1997 que des œuvres de dimensions relativement importantes sont apparues. Par exemple la sculpture « Rohan » dans le parc de l'Hôtel de Ville de Blain, en Loire Atlantique.
Jusqu'en 1998 une part importante de mon travail est issue de petits dessins faits au cours de différents voyages. Certaines peintures sont réalisées à partir de souvenirs de la Grèce, du Japon, de l'Ouzbékistan, du Canada, de Chine, de Prague…

Depuis longtemps l'informatique m'est familière, tant pour l'exercice de ma profession que pour mes prétentions artistiques. J'ai donné le nom d'« ordigraphie » à des sortes de sérigraphies obtenues en ordinateur.

Créés de 2000 à 2003 j'ai appelé « spaciographies » des tableaux animés visibles sur écran ou en vidéo-projection. Leur mise en œuvre nécessite un ordinateur doté d'un navigateur internet. *

Les illustrations musicales qui les accompagnent sont obtenues avec des programmes informatiques. Ce sont des assemblages d'objets musicaux élémentaires fournis par des bibliothèques de sons et de bruits ou des créations personnelles, elles-mêmes réalisées en ordinateur. J'essaie, dans la mesure du possible, de suivre au mieux le déroulement de l'animation.

Quelquefois même au détriment d'un rythme musical régulier.

Depuis 2003 j'ai pu enfin réaliser ce qui trottait dans ma tête depuis de nombreuses années : créer des tableaux en trois dimensions, des paysages virtuels dans lesquels le regardeur pourrait se déplacer. Découvrir ce qu'il y a de l'autre côté du miroir, derrière ce qui est proposé frontalement par un tableau traditionnel. Des programmes informatiques permettent d'atteindre cet objectif. Une série de DVD regroupés sous le nom « Des Mondes rêvés » proposent de tels voyages. C'est une synthèse de pratiquement tout ce qui m'a intéressé : création d'œuvres plastiques en deux ou trois dimensions, de constructions architecturales, d'univers irréels, de compositions musicales, de l'organisation et du montage des éléments ainsi obtenus afin que le voyage dans mes mondes imaginaires soit possible. Rythme lent de la découverte, celui que tout regardeur attentionné doit accorder à la contemplation d'une œuvre d'art. Hors du stress du quotidien, de l'agression visuelle à laquelle tout un chacun est soumis chaque jour. C'était mon désir.

Je n'ai jamais éprouvé le besoin d'exposer. Nous avions déjà assez à faire pour présenter les artistes de la galerie, les faire connaître, défendre leur oeuvre. Je peignais pour le seul plaisir de créer. Des artistes comme Atila, Debré, Guitet, Morellet, Satoru qui avaient pu apercevoir quelques-unes de mes œuvres m'avaient cependant conseillé d'exposer. Mais c'est Silvano Bozzolini qui a été à l'origine de ma première participation en 1992 au Salon des Réalités Nouvelles. Mon tableau était présenté à côté d'une œuvre de Carmelo Arden Quin. Pour un début c'était plutôt flatteur. Une nouvelle aventure commençait, une nouvelle jeunesse. Luis Tomasello m'a poussé à présenter ma première exposition personnelle dans notre galerie en 1995, juste vingt ans après son ouverture. Ma première exposition parisienne date de 1996 à la Galerie Claude Dorval à Paris. Depuis 1993, je participe régulièrement aux expositions du groupe MADI.

Jean Branchet (2009)

* Des années plus tard, j'ai converti en DVD ces Spaciographies.

QUELQUES REPÈRES DE PARCOURS

Je peins et dessine depuis mon enfance, comme beaucoup d'autres. Mais c'est à partir des années soixante que j'ai vraiment poursuivi une production assez régulière, influencée par les expositions que je voyais, les musées visités (le Louvre, le Musée d'Art Moderne, les musées italiens, suisses, espagnols…), la découverte de Kandinsky, de Miro, de Klee, des surréalistes, des abstraits de tout bord…

J'ai donc progressivement passé d'une figuration qu'on pourrait qualifiée « poétique » à une réalité plus construite, avec des incursions dans le surréalisme à la « Chirico », l'imaginaire à la « Klee », l'abstraction à la « Kandinsky », … J'ai eu une période de « totems », de villes imaginaires, de personnages-sculptures, de villes irréelles…

Mais depuis mon adolescence la géométrie a toujours sous-tendu mes créations, Au collège d'enseignement technique de Toulouse où je poursuivais mes études je me passionnais pour le dessin industriel.

J'ai pratiqué la peinture mais également, et passagèrement, la gravure et la photographies

Il m'a fallu attendre le début des années 80 pour que je me décide enfin à adopter définitivement la géométrie comme moyen d'expression. Il m'a fallu tout ce temps pour passer de la sensibilité de la touche de pinceau, de la transparence des glacis de peinture, de l'immédiateté du geste à la rigueur de la composition, à l'utilisation de la règle, du compas, des aplats de couleur. Domaine dans lequel je me trouve très à l'aise.

A partir des années 90, j'ai adopté les principes énoncés par le mouvement MADI : création d'œuvres géométriques polygonales, aux aplats de couleurs unies, pouvant intégrées tous les matériaux disponibles : toile, plastique, métal, lumière…

Cette liberté d'action offre la possibilité de créer une infinité de formes, de combinaisons, de structures, planes ou spatiales. MADI intègre l'environnement comme composante majeure de la création. Le mur, l'espace qui entourent l'œuvre loin d'être neutres font partis de celle-ci.

Les formes et volumes abstraits élémentaires aux aplats de couleurs pures gravitent ainsi dans tout espace qu'il soit bi ou tridimensionnel.

J'ai été professionnellement impliqué dans le domaine informatique depuis le début des années soixante. Aussi, dans les années 90 où il était possible de trouver, à des prix assez abordables, des ordinateurs portables et des programmes de création plastique, je me suis lancé dans des réalisations infographiques puis dans des films d'animation réunissant l'univers irréel de mes débuts, les personnages-sculptures, les couleurs irisées, les constructions géométriques et des créations musicales. Dans ma jeunesse j'avais pratiqué la musique et j'aurai aimé être compositeur.

Jean Branchet (2013)

MON GÉOMÉTRISME

J'ai toujours plus ou moins structuré ce que j'entreprenais. Certains diront même que mon souci d'organisation est quelquefois un peu trop poussé... Peut-être, mais on ne se refait pas. En tous cas, j'y ai trouvé mon compte car ça me facilitait bien la tâche en économisant mon temps disponible. J'avais envie de tout connaître - art plastique, musique, poésie, littérature, de voyager et, dans mes activités d'organisateur de société et de financier de multinationales, de mettre en place des procédures, des organisations, des manières de travailler. Je voulais connaître des artistes, des bons, tout en réalisant ma propre peinture.

Mes tableaux, sculptures et reliefs sont issus de petits dessins tracés rapidement, sous l'impulsion du moment, sans idées préalables. A partir d'un premier essai je décline, tout aussi rapidement, plusieurs variantes. Il m'arrive de dessiner sur de petits carnets pendant mes voyages, dans l'avion, le train, à l'hôtel. L'ambiance du lieu, les caractéristiques du paysage, y laissent souvent leur empreinte. Ces dessins "mûrissent" quelque temps. Puis, le moment venu, je détermine celui que je pourrais bien utiliser pour une nouvelle toile. Je recherche alors les "lois", non voulues mais bien présentes, qui ont déterminé leur conception. Alors, la première phase du travail commence, la plus importante : la réalisation du dessin sur la toile ou tout autre support choisi. J'interprète le schéma initial, je reporte ce que j'en retiens, je modifie la première ébauche. Je laisse mûrir à nouveau la composition jusqu'à ce qu'elle s'impose définitivement à moi. Depuis quelque temps j'utilise l'aide d'un ordinateur pour les travaux de recherche préalable de composition et de couleurs. Si la rapidité d'exécution et les possibilités d'expérience sont infiniment plus développées, les phases du processus créatif sont exactement les mêmes.

Peut-être est-il possible d'expliquer les raisons de l'équilibre atteint par telle ou telle œuvre, mais certainement pas pourquoi une sensation de bien-être ou de malaise peut saisir le regardeur face à une certaine composition, aussi bien construite soit-elle, qu'elle soit géométrique ou non, contemporaine ou ancienne.

Regardez la beauté des œuvres du Lorrain, la lumière intemporelle qui irradie ses ports, la sensation d'infini et de nostalgie qui vous saisit quelque part, mais certainement pas dans le cerveau raisonnant. Alliance magnifique de la lumière et de la géométrie !

La structure de mes toiles achevée, il faut l'habiller, lui donner une "sonorité". Comme beaucoup de pièces de Bach (je prends cet exemple en toute modestie, en tant qu'explication et non comme comparaison), plusieurs instruments peuvent les interpréter, chacun y apportant sa sonorité, sa lumière, son expressivité. Selon l'humeur du moment, la saison, le besoin de changer de registre, je décide de peindre dans une tonalité rouge ou ocre, bleue ou violette, grise ou blanche. Ce sera ou bien un jaillissement de cuivres ponctué par des éclairs de cymbales, de tambours et de caisses, ou bien la plénitude du chant des violons et des altos, la chaleur des hautbois, la clarté de la clarinette, le cristal de la flûte. Ce sera la profondeur, le mystère des violoncelles et des contrebasses. J'aimerais bien faire une symphonie. Depuis quelque temps j'ai réduit ma "palette" à quelques couleurs élémentaires, blanc, noir, rouge et violet. Mais ça ne peut être que provisoire.

Sans structure le monde s'effondre. Mais la couleur c'est la vie.

Les surfaces colorées sont délimitées par un trait régulier, le plus souvent noir. Le dessin initial réapparaît, plus fort, plus évident.

En ce qui concerne mes sculptures et reliefs, je procède d'une façon semblable. En général, je n'ai pas d'idée préalable. La construction se réalise en fonction de l'intuition du moment, des matériaux disponibles, de leur forme, de leurs dimensions, de l'équilibre, des rapports qui, progressivement, s'installent entre eux. Puis, je les peins.

Ma géométrie est certainement spatiale. Des plans différents sont mis en relation à travers un jeu de surfaces-volumes se chevauchant, s'emboîtant, passant les uns à travers les autres, les uns derrière les autres. Les espaces ainsi délimités de cette perspective "frontale" sont accentués par le jeu des couleurs et des dégradés, comme dans la perspective "atmosphérique" orientale.

Certains y distinguent des parties d'architectures, des vues partielles de machines indéterminées, d'autres des réseaux incompréhensibles de canalisations, d'autres des totems... En ce qui me concerne, j'ai tout simplement cherché à réaliser une structure peinte, aussi équilibrée, aussi plastique que possible, tirant son existence, sa présence d'elle-même.

Mes peintures et sculptures ont des titres, un nom, comme chacun d'entre-nous. Je pense que leur réalité est d'autant plus forte qu'il est possible de les désigner par un nom qui leur appartienne en propre. Il n'est pas indifférent de parler de Monsieur X ou de Madame Y. D'où viennent ces titres ? Ils sont souvent purement inventés, en général par série. Je choisis dans la liste celui qui me semble le plus approprié à l'œuvre réalisée ou celui qui correspond le mieux à l'état d'esprit du moment. Quelquefois, ils correspondent au lieu où le dessin a été fait, comme Samarcande, Khiva, Hong-Kong, Shantou, Brained, Grenoble, Tronoën, Praha... ou encore à des noms de constellation. J'aime lire les récits des grands explorateurs du siècle passé. C'est une façon de pénétrer dans un réel-imaginaire étonnant. Récits d'actions si proches de nous et tellement perdus dans le passé de la mémoire. Quand un nom de lieu, de ville, de région me plaît, je le retiens pour en baptiser une œuvre future. Autre imaginaire qui nous a tous bercé, la mythologie, surtout grecque. J'aime ces dieux et déesses qui peuplaient l'Olympe, ces monstres et héros aux histoires compliquées et fantastiques, j'aime les mythes que les civilisations antiques ont su créer. Je dresse des listes de personnages, de lieux, et je les utilise. Une série entière de peintures ou de sculptures peut porter les noms attachés à tel ou tel dieu ou héros. Ce sera, par exemple, le cycle de Prométhée. En fait, je crée des individualités que je consigne dans un registre d'état-civil.

Que dire après tous ces commentaires purement formels ? Ils ne donnent finalement aucune explication quant à l'essence même de l'Art, au mystère de la création qui, lui, appartient à un autre ordre de valeurs, bien inexplicable par quiconque et en particulier par l'artiste lui-même.

Jean Branchet (Nantes, janvier 1998)

POURQUOI JE SUIS « MADI »

MADI offre à toute création plastique gravitant dans la mouvance de l'abstraction géométrique la possibilité de créer une infinité de formes, de combinaisons, de structures, qu'elles soient planes ou spatiales. MADI intègre l'environnement comme composante majeure de la création. Le mur, l'espace qui entourent l'œuvre loin d'être neutres font partie de celle-ci. Les formes et volumes abstraits élémentaires aux aplats de couleurs pures gravitent ainsi dans tout espace qu'il soit bi ou tridimensionnel.

En peignant une toile rectangulaire, je définie une fenêtre et comme toute fenêtre elle concentre le regard, l'attention sur un espace clos, bien délimité. L'œuvre irradie par elle-même toutes ses caractéristiques expressives de puissance, de poésie, de lumière. Elle est un monde en soi. Elle représente un paysage, un visage, une scène, une abstraction aux limites bien établies.

En créant des œuvres MADI on se situe dans un espace en expansion. Je donne à mes œuvres une dimension virtuelle bien plus grande que leurs mesures réelles. Leur force, leur expressivité, leur lumière sont prolongées hors d'elles-mêmes. Le mur, le volume où elles sont présentées ne sont plus neutres mais font bel et bien partie de celles-ci.

Il y a longtemps que j'ai vu des créations MADI. Très vite j'ai été conquis par les possibilités qu'elles offraient. J'aime les droites, verticales, horizontales, obliques et les cercles, les espaces multiples frontaux, les jeux d'ombres et de lumières, les couleurs fortes. J'aime la musicalité des rythmes et des formes dans un espace structuré. Toutes choses que MADI préconise, avec la possibilité de multiplier, de découvrir, grâce à une inventivité quasi-ludique permanente. A chacun de trouver l'espace dans lequel évolueront ses formes, et les « habiller » de telle sorte qu'elles vivent par elles-mêmes, sans référence à quoi que soit d'autre que leur propre existence. Là se situe la pure création.

Jean Branchet (2008)

MES CRÉATIONS NUMÉRIQUES

L'ordinateur m'est familier depuis le début des années soixante mais ce n'est que depuis les années quatre-vingt–dix que je l'utilise pour créer des compositions spatiales animées. Il est devenu possible de trouver plus aisément des programmes performants et tout de même abordables.

D'où la possibilité de réaliser des œuvres plastiques capables de se mouvoir dans un espace virtuel à trois dimensions. Une composition musicale, également réalisée en ordinateur, apporte à ce monde en mouvement un environnement sonore complémentaire.

J'ai réalisé deux types de créations. Les premières sont compatibles avec une lecture au moyen d'un navigateur internet. Elles sont gravées sur CD-rom et nécessitent l'utilisation d'un PC. Je leur ai donné le nom de « spaciographies». Les secondes, les plus récentes, sont gravées sur DVD et sont lisibles sur la plupart des lecteurs standards de DVD. Elles sont également disponibles en haute définition.

Les premières réalisations sont constituées d'une suite de « tableaux » virtuels animés et sonorisés, visibles indépendamment les uns des autres ou à la suite les uns des autres dans une composition d'ensemble.

Les deuxièmes se déroulent dans un espace virtuel en trois dimensions et entraînent le spectateur à la découverte d'un monde imaginaire.

Les programmes informatiques utilisés pour les créations plastiques et musicales, étonnamment performants, s'inscrivent dans le développement normal des moyens mis à la disposition des créateurs depuis le début de la civilisation. Et dans ce domaine, Il me semble que beaucoup reste à faire.

Jean Branchet (octobre 2013)

CORRESPONDANCES ET TEXTES SUR L'OEUVRE

DE JEAN BRANCHET

LETTRE DE MICHEL SEUPHOR DU 19 MAI 1993

"Grand merci pour votre lettre, cher ami, et pour l'annonce de votre promotion ! Vous sortez de votre coquille enfin et exposez aux Réalités Nouvelles ! Tous mes vœux ! Cela aurait dû arriver plus tôt, beaucoup plus tôt. Mais voilà qui est réglé. Vous êtes artiste depuis toujours et ne vouliez pas qu'on le sache. Le protecteur et le commentateur des ouvriers du pinceau a bien le droit d'être leur semblable, sans être un imitateur. Je vous salue comme artiste créateur, entrant dans le secteur géométrique qui est le vôtre..."

LETTRE DE BERNARD NOËL DU 11 JUIN 1996

« ...Tu es un abstrait sensible et lumineux, ce qui met beaucoup de concret dans ce qui passe pour son contraire... »

LETTRE DE GEORGES COPPEL DU 26 MAI 1998

« ...Le texte de Bernard Noël est exemplaire : la précision des mots lui a permis d'exprimer des idées subtiles et rares. Malgré son talent, Bernard Noël n'aurait pas réussi aussi bien s'il n'avait pas aimé et compris votre démarche artistique. Il en résulte un texte qui vous expose (explique) et le dévoile. Car son habileté de poète est si grande qu'il pourrait facilement se camoufler derrière des mots harmonieux... s'il était moins honnête. Ce mélange d'honnêteté, de talents et d'intelligence fait de Bernard Noël un être isolé dans le monde de la critique d'art. Bref l'artiste exposé et son présentateur sont bien assortis... »

LETTRE DE JOHN CHRISTOFOROU DU 14 AVRIL 1998

« … Effectivement, on reconnaît qu'il n'y a pas d'art sans géométrie.

J'ai bien aimé, parmi d'autres œuvres dans la plaquette, ces formes rouges, si bien structurées, comme des idoles hiératiques d'une religion animiste… »

LETTRE D'OLIVIER DEBRÉ DU 28 MAI 1998

« … La construction de ton œuvre, qui est très forte et à l'opposé de la souplesse informelle de ma peinture, m'intéresse beaucoup. Je te félicite également pour ton texte que j'ai lu avec grand intérêt… »

COURRIEL DE MARTINE MORILLON-CARREAU DU 29 OCTOBRE 2009

« … Nous avons retrouvé avec joie les aspects de ton travail que nous connaissions (c'était aussi très joyeux et plein de rêve ta première manière très colorée de peintre admirateur de Klee) mais découvert avec intérêt tes dessins et ton œuvre de graveur, que nous ignorions. Quant à Antares c'est un magnifique musée virtuel, à l'impeccable accrochage en des salles idéalement distribuées (et puis, moi, ce que j'aime dans un musée réel, c'est être seule devant les œuvres exposées pour me promener devant elles en ayant l'impression que le musée n'est ouvert que pour moi, alors) ! J'ai aussi beaucoup apprécié les reflets des œuvres sur le sol de marbre ! Et puis les deux sculptures d'accueil à l'entrée du musée me font penser, je ne sais pourquoi et malgré leur radicale abstraction, à un homme et une femme, et je les ai en moi-même nommées Jean et Jeannette… souvenir de Convergence oblige. »

« ... cher Jean, je suis allé, avec grande peine, car le vieux a des problèmes de propulsion, admirer votre grande exposition (Université Permanente de Nantes). Moi, le vieux poète.

Je vous remercie de m'avoir fait rêver avec vous des « mondes imaginaires » et d'admirer ces « structures » magiques car vous montrez avec quel brio que ce monde est structuré et que l'harmonie est mathématique aux antipodes des surréalistes qui « déconstruisent » toute vue et toute vision. »

LES HARMONIQUES DE JEAN BRANCHET

A 61 ans, Jean Branchet fait sa première exposition. Dans sa propre galerie, Convergence. Pas un coup de tête, encore moins une fantaisie, mais le choix assumé d'un artiste authentique qui, jusqu'ici, s'était contenté du secret de son atelier, quelque part dans la campagne nantaise. Sourire un peu inquiet : "Alors que j'en ai effectué plus de deux cents pour les autres, je vis l'angoisse de l'accrochage. Est-ce que ça tient ensemble, tout ça ? Je crois que oui."

Tout ça ? Une vingtaine de peintures et six sculptures résolument géométriques, couvrant treize années de travail. Un jeu de cercles, de verticales, d'horizontales, de diagonales, décliné en vibrations colorées, comme autant de savantes et subtiles harmoniques musicales. Pas anodine, ici, la musique. A l'exception des moments où il dessine sur la toile, Jean Branchet, qui pratiqua autrefois "assez sérieusement" la guitare classique, peint toujours en écoutant quelque chose : du classique, bien sûr, mais aussi le Grand Bleu, les Beattles, Deep Purple, Pink Floyd, les Rolling Stones, Dylan ! Ou encore Steve Reich, dont il dit : "Ce fut un choc. J'ai trouvé chez lui des correspondances avec ce que j'aurais voulu faire comme compositeur."

DU ROUGE SUR STRAVINSKY

Les yeux de Jean Branchet pétillent derrière ses lunettes : "Bien sûr que ce que j'écoute influe sur ce que je peins. Sur Stravinski, je mets du rouge ! Sur Bach, j'ai fait des grandes toiles où il n'y que du blanc et du noir très structuré, avec quelques taches rouges ou bleues." Avec les tons chauds, le blanc, le noir et le gris sont d'ailleurs ses couleurs préférées : "J'utilise très peu les jaunes et les verts. On ne tient pas le coup par rapport au vert de la nature !"

Cette exposition ne devrait pas être la dernière de Jean Branchet. Antérieurement au "géométrisme" qu'il cultive depuis 1980 ("J'y pensais depuis longtemps, mais je n'osais pas y aller car je trouvais ça trop évident. Il fallait une maturité"), il a vécu à fond plusieurs périodes : celle des "villes" futuristes, "vues de haut, dans une atmosphère surréelle, peintes avec une large gamme de couleurs et un jeu de perspectives accusées » ; celle des "totems", compositions asymétriques et hiératiques influencées par des sculptures et masques africains.

Jean Théfaine (OUEST-FRANCE 4-5 mars 1995)

On connaissait Jean Branchet, directeur de la Galerie Convergence, on découvre Jean Branchet peintre. A l'occasion de son 20° anniversaire, la galerie expose les toiles et les sculptures de celui qui a présenté et défendu les œuvres de ses amis artistes.

Jean Branchet a toujours peint, mais seuls quelques-uns de ses proches connaissaient son travail. On reconnaît dans les œuvres qu'il présente ses choix et ses exigences : une peinture rigoureuse, géométrique, mais également son enthousiasme et sa vitalité.

Ses toiles, par leurs différents plans et superpositions, annoncent la mise en relief et les sculptures des dernières années : fières, délicates, aériennes et musicales.

C. Cesbron (OUEST-FRANCE 13 mars 1995)

UN ANNIVERSAIRE ET UNE NAISSANCE

... Jeannette Branchet, pour fêter le 20° anniversaire de la galerie Convergence, présentait au public les recherches de celui qui, non seulement partage sa vie, mais aussi sa passion pour l'art vivant, suivant en cela leur ami Julien Lanoë, grâce à qui le musée de Nantes peut s'enorgueillir aujourd'hui de posséder une si belle collection d'œuvres contemporaines.

Depuis samedi, Jean Branchet n'est donc plus uniquement le découvreur de talents, le gestionnaire rigoureux d'une galerie "historique", mais un créateur à part entière qui, pour la première fois, révèle aux Nantais son bonheur de peindre, son plaisir de mener à bien la synthèse du volume et de la couleur, celui de jouer avec des formes élémentaires pour créer des mondes d'équilibre et d'harmonie dont notre époque a bien besoin.

"Ma géométrie a quelque-chose de spatial, nous a-t-il confié, des espaces apparaissent à travers un jeu de surfaces-volumes, se chevauchent, s'emboitent, passent les uns à travers les autres, les uns derrière les autres. Les différents plans de cette perspective "frontale" peuvent être accentués par le jeu des couleurs et des dégradés, comme dans la perspective "atmosphérique" orientale. On peut distinguer des parties d'architecture, des vues partielles de machines indéterminées, des réseaux incompréhensibles de canalisations... en ce qui me concerne, j'ai tout simplement réalisé une structure aussi équilibrée que possible, aussi plastique que je pouvais..."

Qu'on ne s'y trompe pas, cette peinture n'est pas aussi simple que son auteur veut bien le laisser entendre. Elle passe par tout un processus de sélection, d'organisation, de structuration, qui font prendre conscience aux spectateurs des lois physiques et mathématiques qui ont présidé à son élaboration.

Jean-Paul Queuille (PRESSE-OCÉAN 7 mars 1995)

Qu'est-ce qui fait que l'oeuvre d'un homme puisse rester dans le silence si longtemps ? Jean Branchet doit à une découverte surprise, par le peintre italien Bozzolini, en 1992, une première exposition. Il s'agit du Salon des Réalités Nouvelles ! Il a alors cinquante-huit ans. Il est intronisé dans la salle de "son école": l'abstraction géométrique.

Kandinsky, ayant précisé que "ce qui importe dans la forme, c'est de savoir si elle est issue de la nécessité intérieure ou non", disons de Jean Branchet, que de cela, il est plus compagnon des artistes abstraits géométriques émotifs, comme Delaunay ou Severini, que des trop minimalistes comme Mondrian ou Malevitch. Ce qui fait la particularité de son travail tout d'équilibre c'est qu'il recherche dans la juxtaposition des plans, une forme d'architecture introduisant reliefs et espaces, mais toujours en aplats. Son oeuvre, qui a un certain côté baroque, se prolonge alors logiquement ces dernières années, vers le collage relief et la sculpture.

Jean Branchet qui sait, en effet, parfaitement organiser les droites et les arcs de cercle, a le goût de l'inattendu. Il introduit dans son oeuvre des éléments qui apportent une densité de surcharge qu'il maîtrise par la couleur. Aux trois couleurs primaires peu utilisées seules, Jean Branchet ajoute les couleurs complémentaires sans le vert. "C'est dur, précise-t-il, de lutter contre la nature". Des bruns, des rouges vibrants et forts, et des gris, toute une gamme de gris, s'interposent entre les noirs qui soulignent et les blancs qui éclairent. Chaque toile est travaillée avec six à huit couleurs unies. La lumière est captée par les rapprochements et les dégradés de tons.

Les collages et les sculptures, paradoxalement, reviennent à plus de rigueur dans le choix des lignes, et surtout des couleurs. Ils s'organisent, en revanche, autour de systèmes. Les éléments enlevés d'un plan trouvent naturellement leur place dans un autre plan, en un équilibre harmonieux.

Michel Seuphor a écrit que "pour être abstrait, il suffit de s'inventer soi-même. S'inventer : se trouver."

Jean-Pierre Nuaud (revue 303 XLIV - 1995)

L'EXIGENCE DE GÉOMÉTRIE

Nantes est une ville qui compte dans l'histoire de l'art pour avoir eu dans ses murs des représentants de premier plan des mouvements artistiques emblématiques de ce siècle, le surréalisme, avec Vacher et Breton, et le constructivisme, avec Gorin. Si le premier y a laissé de glorieux souvenirs, l'art construit continue à s'y développer. Jean Branchet en porte le témoignage.

Sa première véritable émotion picturale date de 1953, au Salon des Réalités Nouvelles, haut lieu de l'abstraction. Il ressort abasourdi de cette flamboyance plastique, aux formes et couleurs toutes nouvelles, si loin de ce qu'il avait appris sur la peinture.

Jean Branchet a découvert l'art contemporain. Il visite musées et galeries, il pratique la musique, assiste à de nombreux concerts, et perçoit dans la musique les correspondances entre l'harmonie des sons et des couleurs. En revanche, malgré son intérêt pour la peinture, les cours de modèle vivant ne le passionnent guère. Il voit déjà les limites de la figuration comme simple représentation.

Dans les années   soixante, il réalise des à la manière de, où il met sur la toile l'idée qu'il se fait d'un Braque, Matisse, Kandinsky ou Klee idéal, ne s'intéressant qu'à leur esprit, leur lumière, leur expression. Curieusement, lui futur artiste géométrique, n'essaie pas de créer son Mondrian, démenti flagrant à l'opinion vulgaire selon laquelle réaliser un Mondrian (ou toute abstraction géométrique) serait à la portée de tout un chacun.

En 1971, Jean Branchet découvre l'acrylique, et son adéquation parfaite avec sa vision de la peinture. Cette matière froide, précise, lui permet d'affirmer son idée d'un art construit. Il ne commencera toutefois à l'utiliser, pour ne plus jamais se servir d'un autre médium, qu'en 1977.

Sa peinture n'est pas encore totalement géométrique, avec ses silhouettes cernées de noir, d'abord enveloppées par des tonalités chaudes, et ses paysages urbains, plus tard, marqués d'une touche de surréalisme, voire de métaphysique.

Il a ensuite une période de totems symétriques et hiératiques, sous l'influence de masques et sculptures africains.

C'est en 1981 qu'il définit enfin sa grammaire de formes - lignes, cercles, triangles, quadrilatères, et en constate la gamme infinie des possibilités. L'influence de Seuphor, le fait de côtoyer quotidiennement les œuvres les plus novatrices ont certes conditionné ce choix, mais Branchet refuse le suivisme. Sa géométrie sera toute personnelle, appuyée sur l'idée d'une correspondance étroite, par le biais de l'harmonie, entre le visuel et le sonore.

Ses premières œuvres construites se caractérisent par une profusion de couleurs - il tient à utiliser toute la palette - et l'usage de la perspective. Elle sera vite abandonnée pour un agencement de plans superposés. Quant aux couleurs, elles se réduiront bientôt à deux ou trois, quand ce ne sera pas au seul noir et blanc, constante de son oeuvre depuis 1981.

Quoique totalement abstraites, les œuvres de Jean Branchet sont enracinées dans le réel, dans ses expériences, ses sensations. Elles se partagent pendant la décennie 80 entre œuvres chaudes (ocres et rouges) et froides (gris et bleus), connotées aux noms de lieux qui les ont inspirées. Chaque peinture est un souvenir de voyage, une réminiscence de lecture ou de musique, dont l'exactitude du rendu s'impose. Jean Branchet fait vivre des correspondances qui pourraient bien avoir été inspirées par le Rimbaud des Voyelles.

Tel est l'essentiel de la démarche de Jean Branchet, et son fil conducteur. Et si, depuis le début des années 90, il a élargi son cercle d'intérêt plastique, avec ses sculptures, puis ses formes découpées et ses reliefs, rejoignant ainsi le mouvement MADI, il avait formulé et fini de poser les fondations de son oeuvre dès 1980.

Ces dernières années, comme on le voit à l'exposition présentée à la galerie Claude Dorval, sa démarche s'est radicalisée, sa recherche est allée plus avant encore. La sculpture l'a incité à une sobriété plus grande encore de couleurs - il ne reste plus que le blanc, le rouge et le noir, avec parfois un minuscule contrepoint de violet, dans ses sculptures, reliefs et bois découpés actuels. Parfois même, dans ces derniers, ose-t-il le monochrome blanc.

Quant à ses peintures récentes, inspirées par le kanji (caractères de la langue japonaise), elles se déclinent en blanc, noir et rouge seuls, et la géométrisation des signes renvoie paradoxalement à leur origine naturaliste très ancienne.

Peinture d'une géométrie qui reflète sentiments et sensations, Jean Branchet est le dernier impressionniste des mouvements éternels de l'âme.

Marcel Galerneau

(Catalogue exposition Galerie Claude Dorval à Paris - 1995)

ART PRÉSENT volume I (CD ROM réalisation JFJ, Fleury-les-Aubrais)

Economiste et financier de profession, Jean Branchet est aussi peintre.

Il est en outre intimement lié à la création contemporaine, puisqu'il a créé et animé, avec son épouse, depuis plus de vingt ans, la Galerie Convergence à Nantes, qui est l'une des trop rares galeries françaises, hors de Paris, d'importance nationale.

Modeste sans doute, il a donc attendu tout ce temps pour faire sa première exposition personnelle dans sa propre galerie.

Il nous montre ici quelques aspects récents de son œuvre qui s'inscrit dans ce qu'il est convenu d'appeler « l'art construit ».

C'est une peinture pleine de sérénité où l'équilibre des formes épurées est à la mesure des subtiles harmonies colorées organisées autour des réserves blanches : une méditation sur la lumière.

ART CONSTRUIT (catalogue de vente Catherine Charbonneaux à Drouot-Richelieu le dimanche 19 octobre 1997)
Au sein du mouvement MADI, Jean Branchet est le peintre de l'ordre, des angles droits, des courbes parfaites et de la bi-dimensionnalité.

L'antagonisme de son art fait de réserve et de dynamisme, d'économie et de puissance nous plonge dans un monde résolument moderne.

JEAN BRANCHET (plaquette éditée en 1998 par Joca Séria, Nantes, avec une préface de Bernard Noël)

La surprise est le meilleur commencement. Elle inaugure le trajet en le plaçant aussitôt sous un bon signe : celui d'une vivacité où l'œil, dès le départ, se trouve ressourcé. On sait que l'apparence est la manière qu'ont les choses de nous faire signe. Dans l'atelier de Jean Branchet, cette apparence fut donc surprenante et elle mit le regard à la fête.

Ainsi l'effet attendu d'une œuvre passant pour abstraite et géométrique est tout de suite démenti par la vision directe. Rien de cérébral ni de calculé bien que tout semble l'être au premier abord : il suffit de s'arrêter attentivement au milieu des toiles et des sculptures pour que ledit semblant se métamorphose en une présence spatiale, certes ordonnée par des figures géométriques, mais sans aucune rigidité froide tant la dynamique l'emporte sur le quadrillage.

La force de cette chose - aujourd'hui si décriée - et qui porte le nom de «peinture» est d'opérer une transformation entre ce qui est vu et ce qui est perçu de manière à provoquer le contact physique - en réalité la pénétration du champ visuel par l'espace peint. Et réciproquement. Pour cela, il faut bien sûr que l'espace peint ait reçu une certaine charge d'énergie déposée dans la couleur autant que dans la forme. L'idée n'a jamais suffi à conférer à la surface du tableau cette efficacité: il y faut un investissement du corps à travers l'action de peindre.

La surprise, devant les œuvres de Jean Branchet, vient de ce que le spectateur, en quelque sorte, est doublé par la peinture. C'est que le spectateur allait vers l'abstrait et que, par cette abstraction même, il se trouve expédié vers un état inattendu, et qui le dérange : il s'attendait à devoir comprendre des combinaisons de cercles, de rectangles, de carrés, de courbes pour s'organiser une jouissance plastique, et voilà qu'il se trouve dans une émotion fracassant les catégories picturales.

Oui, il y a bien là des cercles, des carrés, etc., mais l'organisation de ces figures n'obéit pas qu'aux règles de la composition géométrique et de la permutation. Pourtant, ces méthodes sont présentes, mais les déceler, les détailler, en observer les variations n'épuise en rien ce qu'on voit, ce qu'on sent. Cette abstraction, il faut se rendre à l'évidence, a des effets concrets.

Le problème n'est au fond que de les reconnaître - ces effets - pour ce qu'ils sont afin d'en permettre le développement. La chose devrait aller de soi, mais les classements, les étiquettes sont faits pour brider nos réactions et les orienter une fois pour toutes. Ce qui est abstrait, et par-dessus le marché géométrique, ne doit qu'amuser tout au plus notre rétine ou lui procurer un plaisir bien tempéré. Mais la beauté ?

Que faire de la beauté ? Ce ne sera jamais un concept, ni une quantité précise, ni un dosage, encore moins une certitude égale et incontestable. A défaut d'y faire appel, on peut avancer ici - devant ces toiles et ces sculptures - la notion de perfection. Perfection du dessin, perfection des surfaces de couleur, perfection des rapports colorés... Ce qu'ayant vu, il faut néanmoins faire encore un saut pour passer de ce qui paraît dépourvu de sentiment à ce qui, tout au contraire, en véhicule une assez forte charge, et qui est le travail - c'est à dire la présence d'un acte.

Aucun doute, dès qu'on y réfléchit, dans l'événement la surprise initiale est née de la perception de cette présence, laquelle s'est dispersée dans le regard curieux de refaire l'expérience des formes et de leur agencement. Mais, une fois le tour accompli et la curiosité satisfaite, reste cette impression première et sa force insolite devant ce qui n'aurait pas dû la motiver et qui continue à le faire quitte à détourner l'abstraction d'elle-même.

Pourquoi l'acte est-il exclu aujourd'hui, et pourquoi plane-t-il ici en dépit de son effacement par la géométrie ? Les deux propositions n'ont aucun lien. Elles ne se rencontrent pourtant pas au hasard. L'acte a été admis sous l'espèce du geste comme l'un des éléments de la peinture, après quoi, de l'automatisme à l'abstraction lyrique, il y a eu comme une exaltation du corps devenu l'instrument de sa propre empreinte et de celle de ses pulsions.

Ensuite, par réaction, le concept a chassé toute cette matière charnelle au profit de constructions qui dissimulent leur nature abstraite en se donnant l'air d'être des objets dont le fonctionnement ne serait que mental. Et ce mouvement a été renforcé par l'intrusion massive de machines visuelles productrices de fantômes qui n'ont même plus besoin de la réalité. Plus de corps, mais surtout plus de « faire », et la matière en voie de disparition au profit du virtuel !

Nous en sommes là, c'est à dire en pleine fantomatisassions - puisqu'il faut inventer un barbarisme pour exprimer la situation. Conséquence : on ne parle plus d'acte mais d'action, comme si cette dernière pouvait exister idéalement sans aucune intervention physique, l'important n'étant plus ce qu'on fait mais ce qu'on prétend avoir fait hors du faire. Et tant pis si les objets issus de ce processus souffrent de débilité autant que de bâtardise : ils ne sont pas conçus pour la durée, seulement pour la démonstration. Il leur suffit d'affirmer par leur seule existence la notoriété de leur auteur.

La découverte de l'œuvre de Jean Branchet détonne évidemment dans ce contexte. Elle est assez modeste pour ne rien exhiber : sa continuité, sa consistance, son ampleur suffisent à démontrer le rôle de la patience et du travail. Non qu'il s'agisse de les prôner comme valeurs : ce n'est pas du tout ce qui surgit là devant, mais plutôt le sentiment qu'une relation juste unit tout cela au corps de l'auteur tant on sent que la main y a trouvé son emploi en même temps que la tête, les yeux, au gré de postures dont la géométrie est le résultat et non pas l'effacement. Sans doute les aplats sont-ils parfaits, les lignes impeccables, les agencements très fermes ; aucune concession, pas le moindre tremblé naturaliste et néanmoins chaque figure, dans son individualité comme dans sa participation à l'ensemble, suggère un accord spontané qui défait l'illusion première du calcul. Alors s'impose peu à peu au spectateur la présence derrière cette œuvre à l'allure si distanciée, si maîtrisée, d'un mouvement original inventeur d'un géométrisme automatique dont l'exécution peinte a recouvert l'élan généreux.

Bernard Noël

JEAN BRANCHET À LA GALERIE CONVERGENCE « QUAND L'ÉCONOMISTE EST AVANT TOUT UN ARTISTE »

Le parcours de Jean Branchet a de quoi étonner. Tout le monde le connaissait économiste, organisateur et financier de sociétés internationales. On savait sa passion pour l'art contemporain par son implication dans la création et la vie de la galerie Convergence. On découvre depuis quelques années seulement qu'il est lui-même artiste et mène une recherche créatrice depuis la fin des années soixante. Peu nombreux sont ceux à qui il montrait alors ses toiles. Et l'œuvre est là qui se développe, chaque année plus sûre, plus libre, se décollant résolument du plan du tableau pour investir l'espace du relief ou de la sculpture.

Jean Branchet est un abstrait très construit, proche du groupe MADI, avec lequel il expose désormais régulièrement. Ses reliefs et ses structures, aux formes impeccables, souvent dynamiques à la limite de la violence. Les lignes ou les cercles rouge-vermillon, illuminent les noirs et les blancs dans des élans qui sembles guerriers.

Chaque structure possède un titre : soit le nom d'une ville, soit d'une constellation, soit d'un personnage mythologique. « Je pense que leur réalité est d'autant plus forte qu'il est possible de les désigner par un nom qui leur appartienne en propre ». Et c'est vrai que ses constructions possèdent une présence, elles sont absolument concrètes. Telles des « totems », des maquettes d'architectures utopiques, ou des signalétiques extravagantes, elles développent une grande énergie.

C. Cesbron (Ouest-France 7 avril 1998)

JEAN BRANCHET « LIGNES DE VIE ».

Derrière la ferme d'hier, l'ancienne grange a laissé place à l'atelier. La mousse a gagné la margelle du vieux puits, mais l'ancienne « gargote », tout près du four à pain, semble attendre la prochaine lessive hebdomadaire. C'est là, entre Savenay et Plessé, au cœur d'une campagne atlantique où l'or des genêts ne tarde jamais à remplacer celui des narcisses, que Jean Branchet sacrifie à l'art contemporain.

Cette passion, celle de toute une vie, partagée avec Jeannette, son épouse, Jean Branchet a longtemps eu quelques scrupules à l'exposer. Ce n'est pas de la fréquentation d'artistes, à Toulouse puis à Paris, que lui est venue l'irrépressible envie de peindre et de sculpter. Ce sont des « chocs » successifs – court-métrage consacré à Picasso, puis la découverte de Kandinsky, dans les années 50 – qui lui ont imposé la certitude qu'il lui fallait, lui aussi, s'exprimer sur une toile.

« Tout est sculpture »

« C'est un itinéraire que je souhaite présenter. Je me suis longtemps méfié du géométrisme. Il me semblait trop évident, trop facile... » Alors, avant de parvenir à trouver ce subtil équilibre qui joue de superpositions géométriques, et de découvrir les perspectives offertes désormais par l'informatique (au point d'illustrer un catalogue d'originales « ordigraphies »), Jean Branchet a cheminé sur des chemins plus « classiques » de l'expression picturale, imprimant à la toile les sentiments suscités par un visage ou un paysage. C'est itinéraire buissonnier commence, pour cette exposition, en 1996.

« L'œuvre naît aussi bien dans un avion que dans une chambre d'hôtel, au fil du temps et des voyages... » L'artiste a ainsi rempli quelques carnets de croquis, multipliant les séries de dessins géométriques. « Il n'y a rien de réfléchi dans ces dessins. C'est ensuite que vient la réflexion, la recherche d'une géométrie inconsciente et le transfert de l'idée dur toile... Lorsque j'en suis à la couleur, il ne s'agit plus guère que d'un travail artisanal ».

L'œuvre ainsi se structure, se modifie et prend forme, puis une tonalité générale, le plus souvent chaude, finit par s'imposer. Qu'il s'agisse de sculptures monumentales, d'acryliques sur toile ou sur panneau, ou encore sur plastique, Jean Branchet revendique la cohérence d'une œuvre où « tout est relief ».

« En appeler à la curiosité »

« Il ne faut pas demander à ma peinture ce que je ne lui donne pas... », a déclaré, un jour, James Guitet. Jean Branchet reprendrait volontiers à son compte la formule de ce compagnon de route. « Je n'ai pas d'idée préalable », note-t-il d'entrée. Il ne revendique rien d'autre qu'une structure peinte, aussi équilibrée, aussi plastique que possible, tirant son existence, sa présence que d'elle-même».

Pas d'idée préalable, donc pas d'identité déterminée, non plus. C'est ainsi que l'artiste puise souvent dans la mythologie, ou dans la géographie, l'inspiration pour « baptiser » ses œuvres. Ce peut être une pièce de théâtre (« Perséphone était présentée à Onyx et ce fut un vrai bonheur ») qui lui impose ses propres références : Déméter et Hadès reprennent alors des couleurs.

Avec Jean Branchet, l'art est affaire de... convergence (facilité circonstancielle, certes, référence à la galerie de la rue Jean-Jaurès, mais également forte de sens, comme on dit aujourd'hui). Le Bras, Rautenstrauch, Saint-Cricq, Nitkowski, Christoforou, Guitet et beaucoup d'autres ont croisé son chemin. Grâce à lui (et à d'autres, bien sûr), ces peintres ont croisé le regard du public. C'est à ce même regard que Jean Branchet s'expose. En quête, non pas d'une reconnaissance personnelle, mais d'une rencontre et d'une émotion partagée.

Bernard Lahaye (TALENTS 44 – n°25/avril 1998)

TRÉMÉAC INFORMATION (Nantes. n° 13 - Janvier 99)

Jean Branchet est l'auteur du sujet qui est imprimé sur le tee-shirt Tréméac 1998. Né le 14 novembre 1934 à Lons-le-Saunier, Jean Branchet vit à Nantes où avec son épouse ils ouvrirent la galerie Convergence, rue Jean-Jaurès. Après une formation secondaire scientifique et technique, il continue en droit et sciences économiques. Economiste, organisateur et financier de sociétés multinationales, il termine sa carrière professionnelle à la Biscuiterie Nantaise. Parallèlement, il a toujours développé une œuvre plastique personnelle ouverte vers l' « abstraction géométrique » dans le sillage du mouvement constructiviste.

Jean Branchet est un homme de terrain et de grande culture qui a beaucoup voyagé. Il n'expose ses œuvres que depuis 1992 mais ses participations avec le groupe MADI sont de plus en plus fréquentes aux grandes expositions internationales.

Je le remercie vivement de l'intérêt qu'il a manifesté pour notre activité et de son soutien.

Jean-Pierre Nuaud

JEAN BRANCHET (DEMEURES & CHÂTEAUX n° 111 - Janvier 1999)

L'art abstrait construit n'est pas forcément morose, répétitif et en apparence déshumanisé. Au-delà de sa rigueur simplificatrice, de l'exactitude de ses proportions, de son aspiration naturelle à la monumentalité, il peut s'avérer allègre et coloré, sonore et scandé, intuitif et réfléchi tout en gardant sa pondération et sa sévérité de base.

C'est le cas dans l'œuvre de Jean Branchet, qui allie l'austérité très élaborée des structures à des agencements de formes parfois hachurées et décalées, nappées de coloris solaires. Sur ces espaces alternativement disposés comme des croix, des triangles, des rectangles ou des carrés, des arêtes indiscrètes déchirent le champ, des sphères s'ordonnent et se répondent, des bandes récurrentes, verticales ou horizontales, dilatées ou amincies, accompagnent des formes tubulaires attenantes, en tranchant sur la monochromie des fonds.

Aucun désordre ne vient altérer l'enchaînement syncopé des plans, le calibrage étagé des unités, la densité des échanges, sur lesquels s'immisce une luminosité étale et changeante. En outre, le jeu des valeurs plaquées en perspective frontale, leurs glissements harmonieux et leurs interférences confèrent à ces ensembles quelque chose de ludique, à l'égal d'un puzzle où tout semble à redéfinir, alors que les éléments parfaitement en place possèdent leur propre logique. Quant au dessin, qui délimite avec précision les surfaces, il héberge la couleur en cristallisant les tensions.

Jean Branchet fait volontiers allusion à une symphonie lorsqu'il parle de son oeuvre, et il ne laisse planer aucun doute sur la musicalité qu'elle lui inspire et le coefficient émotionnel dont elle est investie. "La construction se réalise en fonction de l'intention du moment", ajoute-t-il.

Enfin, si la couleur c'est la vie, l'itinéraire de Jean Branchet participe d'évidence de cet influx tonique, toujours entre l'ordre et le sensible.

Gérard Xuriguera

JEAN BRANCHET (Cimaise n° 259 – mai/juin 1999)

Humaniste, ami et compagnon de route des artistes, artiste lui-même, trop longtemps sur la réserve, au point d'avoir cultivé, par pudeur, un retirement réflexif volontaire, Jean Branchet ne craint plus désormais d'affronter le regard du public et de ses pairs. Après des décennies de labeur dans son atelier clair et fonctionnel aux confins de la Loire et de la Bretagne, à la formulation continuellement recommencée d'un langage bâti sur des formes faussement installées: celles de l'alphabet construit.

Néanmoins, il n'agence pas ses formes selon l'orthodoxie, strictement néo-plasticiste, en se réclamant d'une réalité matériellement juste, au sens où l'entendait Platon.

Non qu'il répudie "la règle qui corrige l'émotion", mais il aime tout autant libérer la "grande fugue du vivant", autrement dit, innerver la prégnance d'un sentiment, passeur du parfum nostalgique d'un paysage, d'une contrée lointaine ou d'une cité, sans qu'aucune trace ne laisse sourdre les apparences.

Résolument non-figurative et géométrique, mais exempte de la moindre sécheresse, l'écriture de Jean Branchet s'aménage des détours et des circonvolutions, des montages ingénieux et ludiques, des jeux de piste et des hardiesses chromatique, en marge des schémas préétablis. Nonobstant, c'est bien les assises de la pensée organisatrice, qui régissent et déterminent la conjonction ramifiée de ses triangles, de ses carrés, de ses losanges, de ses sphères, et de ses écheveaux graphiques verticaux ou horizontaux parfois quadrillés.

Mais on comprend mieux par le début. A partir de rapides notations et de croquis réalisés en voyage ou au repos, qui tiennent compte de la topographie des sites, du climat, des atmosphères particulières et des humeurs du moment, Jean Branchet , à la suite de lentes décantations, souvenir et sensation associés dans le même dépouillement, effectue leur transfert sur ses supports d'élection: la toile ou des reliefs en bois, en plastique ou en carton, où ne subsistent que le passage de l'idée et l'empreinte de l'émotion, dilués dans la structure des opérations combinatoires.

Ceci posé, ce qui prévaut essentiellement, chez lui, outre le rapport exact et simplifié des formes entre elles, le calibrage de leurs proportions, la justesse de leurs échanges et de leurs ruptures, et l'esprit de synthèse qui en régule les pouvoirs, c'est le rôle de la couleur. Vive et tranchante, limitée à des tons majeurs distribués en aplats, sonore et volontaire dans ses contrastes décisifs, ses rythmes et ses harmonies ne sont pas sans relation avec la musique, car il n'ignore pas, comme l'énonçait Matisse, "que la musique et la couleur n'ont rien de commun, mais elles suivent des voies parallèles.

Sept notes, avec de légères modifications, suffisent à écrire n'importe quelle partition. Pourquoi n'en serait-il pas de même pour la plastique ? Cependant, parallèlement à ces concordances, pensée et méditée, aventureuse sans débordement, enjouée sans perdre sa rigueur, musicale et architecturale, l'œuvre de Jean Branchet affiche sa maîtrise dans ses moyens et sa finalité, allègrement scandée et sobrement dosée, au gré de ses accords concis et glissés, nappés d'une lumière crue. Par conséquent, malgré la netteté et la ferme intransigeance dont elle est forgée, jamais elle ne relègue la fibre sensible qui la relie au monde. Rien n'y est mécanique, mais subtilement modulé, basé sur l'interaction constante de la couleur à travers la lumière.

Dans ces univers tendus et frémissants, parcourus de réminiscences enfouies, loin du "redoutable esprit littérateur" dénoncé par Cézanne, la main ne tremble pas et le hasard n'a pas sa place. Tout fonctionne et s'enchaîne naturellement dans la cohérence de l'ensemble des parties. Chaque plan, chaque intersection, chaque croisement linéaire, chaque valve, chaque barre tronquée ou prolongée, composent une symphonie ininterrompue qui enclenche une dérive effusive peu courante au sein de ces horizons.

Maintenant, abordant la troisième dimension, Jean Branchet change de registre mais pas de mesure et de discipline dans la perception de sa grammaire spatiale. Ses sculptures en bois ou en plastique polychrome, généralement debout, ancrées à même le sol ou conçues pour adhérer au mur, ne sont pas seulement des objets, sinon des maquettes, parce qu'elles aspirent à la monumentalité. Elles nous offrent leurs ossatures frontales et amincies, aux unités transversales inversées, superposées et ajourées, lamelliformes, fléchées ou circulaires, de temps à autres crénelées, dont les assemblages suscitent des tensions connexes et complémentaires. Sur ces armatures en expansion, où l'impact des noirs et des rouges accuse la blancheur lisse des fonds, circule une énergie fusante qui ouvre l'espace. Les volumes et les surfaces s'interpénètrent, s'intriquent, s'évasent et se resserrent, se rétractent et se dédoublent jusqu'à l'ajustage des valeurs confrontées. Ainsi, épaulé par une efficace économie d'intervention, au plus près des axes dominant de l'art construit, en dépit de l'autonomie tonique de son parcours,

Jean Branchet n'en finit pas de nous dire son bonheur de peindre et de lever des formes qui lui appartiennent en propre, dont l'écho résonne au diapason de sa gourmandise de la vie.

Gérard Xuriguera

PETIT VOYAGE DANS L'ALMAÏR DE JEAN BRANCHET

Sans ombre et sereins
ces mondes
On se demande
voudrait
savoir
d'où
leur lumière
son zénith
Oh de partout plutôt
peut-être
lumière
de genèse et naissance
pour des couleurs encore
jamais vues

Mais leurs reflets toujours
suscités
Reflets cristal
ou lac tranquille
que rien ne trouble

On est ce rêve
l'obstination d'une
petite sphère
voyageuse
qui tourne
qui va

Martine Morillon-Carreau (13 avril 2010)

LES ÉQUIVALENCES HEUREUSES (catalogue expositions Jean Branchet au Centre Athanor à Guérande (44) et au château de Blain (44) - 2001)

Derrière chaque souvenir, il y a une menace et une joie. Derrière chaque paysage, une destruction et un enchantement. Derrière chaque mythe, un arrachement et un acte qu'il nous faut revisiter. Derrière chaque image, le risque reste grand. Les œuvres que nous offre Jean Branchet semblent habiter des territoires inédits, paradoxaux. Identifier ces territoires, c'est d'emblée reconnaître l'extrême fraîcheur dont ils n'ont de cesse de se départir. Avec une absolue rigueur, l'oeuvre se déploie aujourd'hui sans feinte, elle diffuse un air de liberté rare, dense, généreux. Sur l'échiquier de l'art, on ne compte que les points tendus vers une indépendance qui ne peut être relative. Cette indépendance, Jean Branchet l'a longtemps cultivée, je soupçonnerais qu'il l'a parfois choyée, parfois détestée. Car hors des regards, l'oeuvre n'a pas d'existence.

Au départ : le tableau. Et l'espace qu'il ouvre et qui ira s'intensifiant vers la couleur pure. Aplats monochromes se juxtaposant, se frôlant, couleurs franches construisant des architectures inconnues, croisements de signes géométriques. Des bleus, des rouges, mais aussi des blancs et des noirs. Le tableau, dans son apparente simplicité, provoque dans l'œil des parcours mentaux qui viennent bientôt résonner comme autant d'échappées visuelles et sonores. En effet, la musique, première passion de Jean Branchet qui avoue avoir hésité entre elle et la peinture, se retrouve-t-elle aujourd'hui au cœur de ses préoccupations plastiques, comme au travers de ses "ordigraphies" ou "spaciographies", réalisations effectuées à l'aide de l'ordinateur qui conjuguent formes animées et mouvements sonores, équivalences heureuses et complexes où la couleur contenue dans un cercle se trouve en écho à une musique nocturne ou répétitive. Un triangle bleu frémit dans le noir.

La sculpture prolonge cette exigence du regard à vouloir tourner autour d'un objet. Là c'est la lumière qui se charge de dessiner les traits comme dans la série des reliefs où l'ombre dépèce l'espace. Ailleurs, seront nés des volumes totémiques, simples et impressionnants à la fois. Guerriers que la géométrie a habillés de blanc, de noir, et qu'une saignée traverse intensément.

Où se déplacent les frontières, c'est aux limites du visible que nous nous confrontons alors, Jean Branchet le sait, c'est pourquoi il n'a cure de nous imposer une lecture, seulement un titre parfois qui pointe d'un doigt rêveur un lieu aimé : Samarcande.

Pierre Giquel

JEAN BRANCHET JOUE AVEC LES FORMES (Ouest-France 5 décembre 2002. Compte-rendu de l'exposition à la Maison de l'Avocat)

Si le nom de Jean Branchet reste indissociable de celui de sa femme Jeannette avec la création de la galerie Convergence, fermée il y a deux ans, ce nom doit aujourd'hui répondre également à celui d'un artiste. Pour preuve irréfutable : son actuelle exposition à Nantes.

Pendant plus de vingt-cinq ans, il aura ainsi, avec Jeannette, présenté un art souvent qualifié de difficile parce que résolument contemporain. Précurseurs, attentifs à des expressions plastiques très diversifiées, ils ont exercé un rôle important dans la cité. Ce sont indéniablement des acteurs précieux de la vitalité nantaise. Discret, Jean Branchet n'a pas voulu, durant ces années, révéler une autre activité tout aussi prenante : la création d'une œuvre plastique qui commence au début des années 70 et se déploie dans le sillage du mouvement constructiviste.

Depuis 1992, l'exposition de ses œuvres est régulière : il participe au Salon des Réalités Nouvelles et aux manifestations du groupe MADI, en France et à l'étranger. Ses premières expositions personnelles datent de 1995 et 1996. Moquons-nous des dates : Jean Branchet est un jeune artiste, né en 1934, qui pratique la guitare classique pendant plusieurs années pour privilégier la peinture. Une peinture d'emblée non figurative, géométrique, rigoureuse et vigoureuse.

« Mes tableaux, sculptures et reliefs sont issus de petits dessins tracés rapidement, sous l'impulsion du moment, sans idées préalables ».

Réalisés sur de petits carnets, « pendant mes voyages, dans l'avion, le train, à l'hôtel », ces dessins doivent « mûrir ». Indissociables d'une émotion devant un paysage, un nom, d'une impression rencontrée à l'écoute d'un son, d'un souvenir, d'une voix, les œuvres s 'élaborent partant d'une ébauche pour s'imposer «naturellement», joyeusement pourrait-on dire, tant la fraîcheur les désigne.

Derrière la rigueur et un vocabulaire précis, une grande liberté s'agite ici. Jean Branchet joue. Il ose à travers les triangles, les cercles et les carrés, des quadrilles insolents, et autres danses inédites. Qu'il s'agisse de la toile, ou des reliefs en bois, plastique ou carton, ou des sculptures, se diffuse une volupté, celle de la couleur.

Jean Branchet aime la couleur pure. Des bleus qui inondent, des rouges qui densifient la lumière, des verts qui s'évadent, des blancs qui retiennent leur souffle. La couleur est le cadeau qu'il nous tend, avec élégance et sans calcul.

Parcourant ces formes construites, ces architectures inconnues, l'œil emprunte des voies saisissantes, on songe à un monde parallèle. Le son, autre passion de l'artiste, intervient comme une équivalence heureuse. Aujourd'hui, à l'aide de l'ordinateur, la musique intervient-elle au travers de ce qu'il nomme des «ordigraphies» ou des «spaciographies», en résonance avec des formes en mouvement. « Astral » et « Stellaire » sont deux Cd-rom qui ont été présentés à la Maison de l'Avocat ainsi que « Cassiopée » et « Pléiades ». Des noms qui vibrent de mille et un feux, dans l'espace.

Pierre Giquel

LA GÉOMÉTRIE ARTISTIQUE DE JEAN BRANCHET (Ouest-France du 3 décembre 2002 - Compte-rendu de l'exposition à la Maison de l'Avocat)

A la Maison de l'Avocat, Jean Branchet présente son art géométrique polyvalent à travers peintures, sculptures et reliefs. L'artiste crée aussi sur ordinateur des spaciographies.

« Je trace sous l'impulsion des petits dessins que je transfère ensuite sur mon ordinateur. Je les affine sous forme de maquettes. Alors je les traduis en œuvres dans leurs dimensions définitives. » Si Jean Branchet explique avec aisance l'approche méthodologique de ses réalisations, il ne fait qu'en révéler l'aspect technique car son sens créatif parle de lui-même à travers l'exposition de ses multiples abstractions géométriques. D'abord, ses toiles en aplats d'acrylique, autant de ballets de figures aux couleurs franches, éclatantes, comme puisées à cru dans le cercle chromatique. Le regard circule librement d'un point à un trait, se glisse dans des seconds plans ou se risque dans des perspectives suggérées. « Je trouve souvent mon inspiration lors de mes voyages », commente-t-il. De fait, couleurs et formes mixées avec justesse empruntent parfois à d'autres civilisation, d'autres iconographies, autant de signalétiques qui conceptualisent alors d'harmonieux logos mondialisés pour le meilleur.

Autre état d'esprit, autre approche et Jean Branchet s'affronte avec la même aisance à la sculpture à laquelle il ajoutera des matériaux pluriels : bois, plastique, aluminium... mais toujours tranchés avec netteté comme avec un laser. Il en va de même pour sa collection de reliefs aux couleurs monochromes, sorte d'entre-deux qui oscille entre peinture et sculpture et où les ombres portées viennent enrichir et démultiplier les combinaisons formelles.

Jean Branchet dit s'être essayé à beaucoup de styles avant de définitivement trouver son écriture sur les pas de Kandinsky ou de Miro. Mais l'artiste a récemment élargi sa recherche en mixant ses aspirations artistiques et sa maîtrise technique de l'outil informatique en avalant pendant des années des programmes professionnels de dessin, d'animation ou musicaux. Il a créé numériquement des compositions animées des tableaux cinétiques sonores qu'il appelle des spaciographies. Car si cet ingénieux créateur est peintre et sculpteur, il est aussi musicien.

Christophe David

UNE ÉTONNANTE NUMÉRISATION DE L'ESPACE
(Pil' n° 284 – 3 au 9 novembre 2004 – Nantes)

Pendant 25 ans, Jean Branchet a été, avec son épouse Jeannette, l'animateur éclairé de la Galerie Convergence qui fut pendant longtemps la seule galerie nantaise à s'intéresser à l'art contemporain.

Ses choix, ses rencontres ont nourri chez lui une véritable passion de collectionneur qui a caché son autre facette : celle de créateur. Il montre depuis quelques années ses œuvres dans de nombreux musées et centres d'art en compagnie de ses amis du groupe MADI défendant une abstraction spatiale, géométrique et colorée. Ce que l'on ne connaissait pas de lui, il va le présenter mardi 9 novembre dans la Chapelle de l'Oratoire à l'initiative des Amis du Musée son œuvre virtuelle et numérique, totalement étonnante. Véritable ingénieur, fasciné par les nouvelles technologies, Jean Branchet développe un travail 3D, mêlant espace virtuel et musique électronique dans des glissements psychédéliques éclatants : les formes, les couleurs et les sons se spatialisent dans des compositions architecturales aussi utopiques que poétiques, vertigineuses, hypnotiques et réjouissantes.

Christophe Cesbron

CONVERGENCE : UNE EXIGENCE SOUTENUE
(Revue 303 - Né à Nantes comme tout le monde - 2007)

Elle, c'est Jeannette, lui, Jean. Branchet de leur nom. Un goût commun les a rapprochés. Elle découvre l'art à Paris à travers le Louvre et les musées. Lui visite de midi à 14h les galeries de la rue de Seine, l'heure des repas se trouve souvent sacrifiée. Sa première formation est la musique, il a fait cinq ans de guitare classique. Mais il dit avoir aimé surtout la peinture. Ce qu'ils concrétiseront tous les deux, c'est cette passion partagée. Pendant vingt-cinq années, ils ont mené une aventure artistique qui les distingue. Au début en solitaire puis peu à peu créant des liens avec d'autres acteurs de la ville.

En 1975, trois ans après la fermeture de la galerie Argos qui se trouvait être un pôle d'excellence en matière d'art contemporain français et international, s'ouvrait la galerie Convergence, rue Jaurès. D'emblée ils comblent un manque, et même quand le public vient peu nombreux, ils persévèrent. Leur indépendance mais aussi leur passion les entraînent à exposer des artistes qui vivent dans la région mais également à montrer des artistes internationaux. A aucun moment succursale d'une quelconque galerie parisienne, la galerie fait le choix de l'ouverture aux courants de l'époque, préférant exposer ceux avec lesquels il y a dialogue plutôt que répondre aux diktats des goûts du jour. En effet, l'amitié semble avoir été leur credo.

D'aucuns se souviennent des visites effectuées en dehors des vernissages, nous entrions, seuls absolument, dans un terrain criblé d'inconnu. Chaque exposition était un corps à apprivoiser, en tout cas un vocabulaire qu'il allait falloir sinon apprécier, du moins tenter d'acquérir. Et chaque fois cette envie d'en savoir plus.

Très rapidement, ils exposent des artistes qu'ils aiment, comme Hartung, Soulages, Pignon, Hélion, Matta. Mais aussi Ferrand, Bazaine, Klasen, Seuphor, Villeglé, Morellet, Debré, Touzenis ou encore Le Bras, Thibaud Guilet, Rautenstrauch, Lallement, Bigot, Guitet, Clareboudt...

Peu soucieux du marché de l'art, et des tendances qu'il implique, résistant au goût d'un public nantais qui leur conseille de changer, ils optent pour un certain éclectisme qui se révèle une force malgré les reproches. C'est pourquoi les expressionnistes côtoieront les géométriques, les abstraits les figuratifs, un art «brut» avec un autre plus sensible au décoratif, le cinétique avec les minimalistes. La sculpture occupe également une place dans cet espace modeste certes mais accueillant. Se présentant comme des « rétiniens », ils sont restés fidèles à leurs artistes. Les éditions Convergence sont une occasion d'éditer les œuvres de Michel Seuphor, mais aussi un ensemble de textes relatifs à l'art comme les notes de Ferrand.

Sans coup d'éclat mais profondément, leur choix et le ton pris pendant ces années-là ont marqué.

Et lorsque la galerie en 2000 ferme, elle se déplace avec la création d'un site internet. Parallèlement, Jean Branchet a toujours peint et c'est naturellement qu'il accepte de rendre visible cet engagement qu'il n'a cessé d'avoir pris. L'exposant est désormais exposé, au travers de manifestations internationales, rejoignant les tendances de l'art construit. Depuis 1992, il expose au Salon des Réalités Nouvelles et aux manifestations du groupe MADI. Ses premières expositions personnelles datent de 1995, 1996. « Les tableaux, sculptures, reliefs, nous a-t-il confié, sont issus de petits dessins tracés rapidement, sous l'impulsion du moment, sans idées préalables. » Réalisés sur de petits carnets, « pendant mes voyages, dans l'avion, le train, à l'hôtel », ces dessins doivent « mûrir ». Indissociables d'un paysage ou d'un mot, d'une impression rencontrée à l'écoute d'un son, d'un souvenir, d'une voix, les œuvres s'élaborent avec vivacité. Avec les triangles, cercles et carrés, il ose des quadrilles insolents. Avec la couleur pure il inonde, rythme, reconstruit des architectures inédites, il invente un monde. Et si la peinture et la sculpture occupent une grande place, la musique devait également refaire son apparition. Ainsi l'ordinateur utilisé pour ses potentialités plastiques accouche-t-il aujourd'hui d'un ensemble de propositions sonores, prolongeant les recherches graphiques et colorées. Ce qu'il nomme des « ordigraphies » ou « spaciographies » offrent ainsi des correspondances avec ses déploiements colorés. « Juste retour des choses », comme l'on dit, chanté dans un vent de liberté toujours retrouvée.

Pierre Giquel

SPACIOGRAPHIES ET MONDES RÊVÉS,
Les avatars numériques d'une « cité idéale » chez Jean Branchet
(16 octobre 2009)

On sait la fertilité de cette connivence obstinée que Jean Branchet, plasticien du mouvement MADI, entretient avec la géométrie. Une fascination à mettre sans nul doute en relation avec la formation première, scientifique et technique, d'un artiste dont l'œuvre semble si bien s'accorder au comminatoire et philosophique avertissement platonicien sur le seuil de l'Académie : « Nul n'entre ici s'il n'est géomètre ! »

Comme ses peintures, ses sculptures et « reliefs » nous ont d'abord transmis son plaisir d'imaginer, construire, assembler les lignes, surfaces, volumes, et - non plus dans quelque projet de connaissance ou d'efficience mathématique mais de pure jouissance esthétique - de les y faire entrer en résonance et converser avec la couleur. Puisque selon ses propres mots : « Sans structure le monde s'effondre. Mais la couleur c'est la vie. »

Une démarche d'ailleurs commune aux artistes du mouvement MADI, qu'il rejoint à partir de 1995 et avec lesquels il cohabite internationalement dans de nombreuses salles de musées aussi prestigieux que par exemple Reina Sofia à Madrid, la Civica Galleria d'Arte Moderna de Galaratte en Italie ou le jeune Museo MADI de Sobral au Brésil.

Puis, ses Ordigraphies, ses Spaciographies et enfin ses Mondes rêvés numériques ont mis l'ordinateur, très « naturellement » serait-on tenté de dire, au service de ce constructivisme géométrique initialement élaboré avec des moyens et techniques plus modestement traditionnels. Mais - et il faut y insister - cet outil informatique qui permet de jouer sur des ensembles de plus en plus complexes de variables et modèles mathématiques, a donné à son travail, avec les deux dernières séries numériques, une dimension toute nouvelle et qui contribue à l'originalité de cette part récente de l'œuvre : celle d'une mise en scène, animée, évolutive, musicale, dans une mise en espace à trois dimensions des objets géométriques conçus par l'artiste.

À l'apparent désordre et imprévisible foisonnement anomique du réel, il est effectivement tentant de chercher à substituer la rigueur d'une vision mathématique, en particulier celle d'un constructivisme géométrique dont les produits prennent alors curieusement, dans l'imaginaire de leurs spectateurs comme de leur créateur, une véritable existence autonome ; peut-être parce que, et selon la formule du logicien épistémologue Jean Piaget, « le résultat d'une construction finit toujours par sembler exister indépendamment » de cette construction elle-même.

De là sans doute cette satisfaction du géomètre devenu démiurge d'harmonie - une impression de bien-être qui se transmet au spectateur des constructions géométriques, face, en particulier, au jeu des symétries dans leur équilibre rassurant : les mathématiques, ne sont-elles pas universellement reconnues comme « la plus exacte des sciences » ?

Pourtant, on le sait aussi, les mathématiciens ne parviennent à se mettre d'accord ni sur la nature des « êtres » mathématiques ni sur leur rapport exact aux autres plans du réel et la souveraine assurance mathématique ne résulte parfois que d'une illusion naïve puisque, pas plus que les autres, cette science ne saurait échapper aux remous des crises épistémologiques ; celle par exemple du réalisme pythagoricien face à la découverte des nombres irrationnels - lorsqu'on s'est aperçu que la diagonale du carré n'entretient pas avec son côté de rapport exprimable par un nombre commensurable.

Car, quelles que soient par ailleurs nos raisons de nous émerveiller, d'admirer, de progresser surtout, la faille saturnienne de l'humaine imperfection n'épargne même pas la science la plus « dure » et la plus pure, lézardant nos prétendues certitudes de manière aussi insidieuse que bien souvent imperceptible.

Est-ce donc alors en cette tension irréductible entre le besoin de réassurance, qui fonde l'action - et la conscience d'une irréparable fêlure - qu'il faut chercher une des causes de l'impression de douce et mélancolique étrangeté, qui ne manque pas de saisir le spectateur des Spaciographies comme des Mondes rêvés ? Une impression que renforce encore la musique, également composée par l'artiste en accompagnement de ces deux séries : «La Musique des sphères» semble nous murmurer Magritte...

Mais, si ce sont les mathématiques qui contribuent toujours, chez Jean Branchet, à élaborer, nourrir, enrichir l'œuvre, par un apparent paradoxe, la dimension onirique y semble en effet de plus en plus prégnante - au point de s'annoncer explicitement dans le dernier titre de ses séries : Mondes rêvés. Même si l'atmosphère de rêve et de poésie qui s'imposait déjà dans les Spaciographies marquait si fortement leur spectateur / auditeur, qu'à la première projection d'Astral je n'ai eu, pour ma part, que ce recours : me mettre à composer, en écho, le poème éponyme que l'artiste a, par la suite, intégré à cette Spaciographie, où l'on se sent convié, à travers une sorte de vide sidéral, à un étrange et solitaire voyage interstellaire infini. Alors que ses Ordigraphies étaient finalement, comme le note lui-même Jean Branchet, des « sérigraphies numériques », donc des objets esthétiques destinés à la seule contemplation statique, les deux dernières séries donnent au contraire au mouvement un rôle d'acteur déterminant.

Modifiant la place des objets dans un espace en constante évolution, modifiant la perception même de leur forme « le mouvement qui déplace les lignes » vient ainsi introduire non seulement une multiplication des points de vue mais également leur impermanence, dans le monde préalablement statique et comme éternel du géomètre.

Car l'utopie, ce lieu de nulle part, d'ailleurs nommément évoquée par l'artiste dans le Monde rêvé intitulé « Utopia », a ici quitté la place étymologique de la «géométrie» , notre planète terre ; d'où l'artiste nous invite à nous éloigner encore bien davantage qu'un Cyrano de Bergerac en ses États et Empires de la Lune ! Devenue cosmique, l'utopie chez jean Branchet se propose comme le déroulement sans fin d'une exploration, à la fois sonore et colorée, de cités, mondes imaginaires, aux architectures oniriques, que le voyageur de l'espace semble n'être appelé qu'à traverser sans y demeurer, avec cette apparente lenteur et la régulière tranquillité d'un vaisseau spatial infatigable.

Or ces mondes imaginaires, dont seule la technique informatique la plus avancée permet de mettre en scène le spectacle, et qui peuvent évoquer aussi, bien sûr, ceux de la science-fiction, s'inscrivent également dans un processus intellectuel et artistique très ancien de constructions utopiques. L'artiste ne part pas d'une table rase. Les espaces de Jean Branchet, dans leur vacuité mystérieusement minérale, mathématique et virtuelle, où semble flotter comme une étrange attente, ne sont pas ainsi parfois sans évoquer ceux de Chirico ; et, bien auparavant, ceux qui ont pu inspirer Chirico : telle ville utopique de la Renaissance italienne, comme Sabbioneta, ou La Città Ideale représentée dans une étonnante peinture, considérée comme un symbole clé de l'humanisme.

C'est au Palais ducal de la ville où Raphaël a vu le jour – Urbino – qu'on peut encore admirer cette œuvre, mystérieuse à plus d'un titre. Datée de la seconde moitié du XVème siècle, elle provient de l'ancien monastère Santa Chiara de cette ville, mais sa fonction originelle reste aussi énigmatique que son auteur, pour lequel on hésite entre Piero della Fancesca et les architectes Martini, Bramante ou Luciano Laurana, qui en a reçu la paternité officielle.

Le tableau représente une ville utopique d'élégants palais, à la fois somptueuse et sobre ; un urbanisme monumental dans l'esprit de la Renaissance, fait d'équilibre, de rigueur, mais présentant une symétrie légèrement décalée, éclairé d'une nette lumière zénithale que semble démentir le ciel légèrement voilé ; monde à première vue ici aussi uniquement minéral et géométrique, où les jeux savants de la perspective, au sol dallé de la place comme dans la disposition des différentes constructions qui fuient vers un fond lointain d'imperceptibles collines boisées, ne laissent deviner aucune quelconque présence humaine. Quelques fenêtres entrouvertes, ne donnant que sur l'opacité de l'ombre la plus épaisse. On peut distinguer cependant, ici ou là, quelques plantes vertes sur des terrasses ou au balcon de certaines fenêtres, et même un minuscule couple de pigeons.

Quels habitants attendait-elle donc, cette idéale cité du duc Federico de Montefeltro ?

Ses contemporains la méritent-ils ? Sont-ils sur le point d'y accéder ou, trop imparfaits en regard de l'harmonie marmoréenne de ses symétries et perspectives, gouvernées par la perfection du Nombre, doivent-ils patienter, la laisser encore à sa solitude inhabitée, voire ont-ils déjà – et pourquoi ou par qui – été contraints de la quitter ?

Comment ne pas se poser des questions analogues en suivant Jean Branchet dans son cheminement à travers les espaces numériques de ses Spaciographies et Mondes rêvés ? Et même bien plus radicalement encore, puisque l'artiste a, quant à lui, soigneusement éliminé de son œuvre, non seulement toute présence humaine, mais jusqu'à toute vie animale ou végétale.

Une proscription globale du vivant en quelque sorte.

C'est-à-dire de l'éventualité de la mort ou plus exactement, et plus brutalement, du destin mortel promis à tout organisme vivant. Car - et nul paradoxe en cette démarche, tout au contraire - les couleurs vives, joyeuses, dont use volontiers l'artiste, avec une belle gourmandise, clament haut et fort son goût profond pour la vie.

L'espace qui se déploie dans les Spaciographies et les Mondes rêvés nous est-il alors promesse de cité / monde enfin idéal(e), sous le signe d'une construction mathématique porteuse de rationalité impeccable, d'éternité rédemptrice ou menace monstrueuse d'un « meilleur des mondes » glacé qui en exclurait la vie en général et l'homme en particulier, en raison de son originelle imperfection sublunaire ? Ne serions-nous pas ici projetés soudain, à travers l'espace-temps, vers un futur où le spectateur de la vidéo serait finalement demeuré le seul survivant d'un séduisant, mouvant et inquiétant désert d'architectures sculpturales ? Car, malgré l'équilibre de leurs formes, les objets que l'artiste propose au regard ne vont pas non plus sans provoquer parfois chez le spationaute virtuel une sorte de malaise diffus, face à l'étrangeté de leur beauté lisse ou à l'agressive majesté de tel ou tel « monument » d'un futurisme éclatant, dont la pointe aiguë comme une corne et les somptueux et durs matériaux suggèrent le caractère implacable et menaçant.

Mais si l'on prête attention aux musiques qui accompagnent Spaciographies et Mondes rêvés, s'y entendrait plus volontiers, la plupart du temps, la douceur d'une très paisible, très lente patience ; tandis que, faisant penser à certaines harmonies extrême-orientales, des sonorités parfois légèrement décalées, légèrement dissonantes, en accentuent encore par leurs répétitions mélodiques et rythmiques, le caractère lancinant, si bien accordé aux récurrentes symétries des objets géométriques rencontrés au fil de ces voyages numériques dans les espaces intersidéraux de l'imaginaire.

Par-delà le malaise diffus d'une inquiétude mélancolique, presque toujours perceptible au moins de manière sous-jacente, sans doute l'accompagnement musical nous suggère-t-il plus fréquemment une acceptation tranquille, sans crainte ni révolte, apaisée ; comme la sagesse éclairée d'un délaissement qui consent.

À la solitude du créateur.

Et à celle de l'homme face à sa condition d'homme, dont – grandeur et misère – le destin, l'ultime consolation et seule rédemption peut-être résident en cet éternel voyage à travers les virtualités infinies du Nombre et du Rêve.

Martine Morillon-Carreau

LES MONDES RÊVÉS DE JEAN BRANCHET (Université Permanente de Nantes 2009)

Jean Branchet qui a toujours exercé ses activités artistiques en parallèle d'importantes responsabilités professionnelles dans l'industrie agro-alimentaire nantaise considère que son expérience est d'abord celle d'un amateur libre et indépendant, passionné depuis longtemps par l'abstraction géométrique. En choisissant délibérément au début des années 1980 d'adopter pour lui-même ce mode d'expression il avait alors tout à fait conscience d'emprunter une voie déjà amplement pratiquée par d'illustres prédécesseurs mais son inventivité toute personnelle a démontré qu'il n'avait pas le tempérament d'un simple suiveur.

Il y a une dizaine d'années Jean Branchet qui s'est intéressé très tôt aux développements de l'informatique a mis les ressources de la technologie numérique au service de ses propres recherches. En ce domaine il fait preuve d'une indéniable virtuosité revendiquée sans fausse modestie pour étendre le champ de son registre formel et produire des fictions plastiques d'une esthétique baroque pleinement assumée.

L'Université Permanente et La Maison des Hommes et des Techniques nous invitent à partager ses rêves !

Vincent Rousseau

JEAN BRANCHET – PARCOURS POUR DES CITÉS IDÉALES
(Ouest-France 11 janvier 2010)

Les œuvres de Jean Branchet ont pris possession de l'Université Permanente. L'exposition « Les mondes rêvés » ouvre des sas, joue avec les perspectives et se lie aux murs par touches de couleurs ou tracés.

La double vie de Jean Branchet.

Des études techniques à l'Ecole des télécoms, puis de droit et sciences économiques à la Sorbonne dirigeront Jean Branchet vers le métier d'administrateur financier. Les portes de sociétés internationales s'ouvrent à lui, le font voyager de par le monde. Mais lorsqu'il décide avec son épouse de s'installer à Nantes, afin d'exercer ses talents de directeur financier pour la Biscuiterie Nantaise, il mène déjà une double vie. Sa rencontre à Paris en 1953, avec l'abstraction géométrique et lyrique au Salon des Réalités Nouvelles, et la découverte du Bauhaus dans les années soixante, ont fait naître en lui un autre homme.

L'artiste :

Jean Branchet peint dans le secret de son atelier, parcourt les musées, s'inspire des grands maîtres comme Kandinsky. Jusqu'à ce que dans les années 80, des combinaisons de lignes et de sphères explorent l'espace de ses toiles, provoquent l'émergence de perspectives frontales. « La géométrie est un langage universel, c'est la base de notre monde, tel que nous l'avons conçu. Elle est dans nos villes, leurs bâtiments, jusque dans chaque objet que nous possédons... La couleur lui insuffle la vie. »

En 1975, il ouvre avec sa femme la galerie « Convergence » et rencontre des artistes comme Hartung, Soulages, Morellet, Debré, Rautenstrauch... Certains d'entre eux le poussent vers de nouvelles perspectives.

En 1990, Jean Branchet retournera au Salon des Réalités Nouvelles, mais cette fois pour exposer ses tableaux aux côtés du groupe MADI.

Rétrospective.

« Les mondes rêvés » retracent le parcours de Jean Branchet de 1981 à aujourd'hui. Des toiles, des reliefs, des sculptures chargés d'une énergie étonnante jouent avec l'architecture des lieux dans un effet miroir parfois surprenant. Depuis 10 ans, l'ordinateur est devenu l'atelier du plasticien, et ses œuvres des cités idéales. On entre dans des espaces sacrés, où les portes d'un nouveau monde sont des miroirs que l'on traverse. Des promenades virtuelles, où l'artiste libre permet à ses rêves d'exister.

Véronique Potiron

EXPOSITION « PASSION - CRÉATION ». Abbaye de Saint-Florent-le-Vieil (39) (2012) - La collection Jean et Jeannette Branchet
Galeristes (par amour de l'art, de 1975 à 2000), collectionneurs, créateur (Jean, dans la peinture, le relief ou le numérique), Jean et Jeannette Branchet ont réuni tout un trésor d'œuvres contemporaines, découvertes au fil de leurs rencontres et de leurs accrochages, à Nantes ou à Paris. Un grand éclectisme préside à leurs choix, plus attentifs à la qualité propre des artistes qu'à leur seule renommée, volontiers plus à l'écoute de ceux de l'ombre, des valeurs naissantes, des originaux, particulièrement de ceux du pays nantais. Voilà qui a permis la constitution d'une collection originale, qui offre en même temps un précieux témoignage sur la vie des arts à Nantes, dans la seconde partie du XXe siècle. Secrètement lié à la mouvance géométrique et aux techniques numériques nouvelles - car son activité en tant qu'artiste n'est connue que depuis peu - Jean, le « moderniste », sait rester sensible à des styles qui paraissent bien éloignés de sa pratique, comme en témoignera sans doute sur les cimaises de l'Abbaye la présence d'un Debré, d'un Lindström, d'un Klasen ou d'un Atila. Une grande ouverture d'esprit, dans un monde artistique qui n'en déborde pas actuellement.

Jean-Pierre Arnaud
(Conseiller de Saint-Florent-le-Vieil pour l'art moderne et contemporain).

LETTRE DE YANNICK GUIN (Transmise à la suite de l'envoi des recueils « Jean Branchet - Mon parcours artistique » et « Tentures – Jeannette Branchet » - 2020))

Chère Jeannette, cher Jean.

Quel bonheur de recevoir vos deux publications en ce début d'année. En plein cœur de ces temps sombres et obscurs vous nous gratifiez de deux ouvrages lumineux, pleins de ces structures qui donnent confiance dans la créativité des humains, et de tentures qui donnent chaleur et harmonie à la vie qui s'écoule.

Deux ouvrages soignés, composés, léchés, structurés, deux perles qui sont des œuvres d'art par eux-mêmes, qui sont à la fois deux rétrospectives sur deux parcours d'exception, et deux découvertes de deux univers plastiques, élaborés avec ténacité et réflexion incessants. Par l'exposé de ces démarches, et par l'évidente qualité de l'une et de l'autre, explose l'idée d'une place marquante dans l'une ou l'autres des branches de l'art contemporain.

Cher Jean, superbe et éclairant votre parcours dont les diverses étapes nous font accéder à l'homme et l'artiste, fort de son itinéraire intellectuel et de ses itinéraires nationales, internationales, … et nantaises ; fort de ses rencontres inspirantes. Que de beaux textes, de Seuphor à Christoforou, de Debré à Bernard Noël
(splendide dans la plaquette de 1998, « … que faire de la beauté … ! »)

On suit ainsi la démarche de l'artiste, tout attentionné, grâce à l'abstraction, à la couleur et à la forme pour elles-mêmes. On accède à ce qui est la maturité à partir des compositions géométriques des années 70, de la participation à MADI, jusqu'aux expériences et œuvres numériques des dernières décennies (superbes les reproductions des tableaux en trois dimensions !).

Chère Jeannette, superbe et précieuse – au sens de pierres précieuses – est votre œuvre, attentionnée, construite, à bien des égards stupéfiante par sa volonté têtue de produire de la beauté. Les tentures splendides sont magnifiées et prolongées par ces citations de poètes, de philosophes, de critiques, qui sont autant d'incitation à créer des textures dans nos esprits, ou bien de nous enfoncer dans nos profondeurs métaphysiques.

Bel exploit pour une plasticienne qui n'a cessé de passer le message, en animant la galerie Convergence, qu'il faut toujours s'en tenir à la sensibilité !

Merci tous les deux pour vos créations qui ne doivent rien aux provocs, à l'esbrouffe, à l'esprit de spéculation, à l'abus de la phrase, qui caractérisent souvent le monde de l'art des temps présents. A vous deux vous êtes une sorte de réjouissance pour l'esprit et le cœur.
Encore un (gros) effort et les beaux jours seront sûrement en perspective avec le plaisir de nous revoir bientôt. Meilleurs vœux, prenez bien soin de vous.

Yannick Guin

(Historien et docteur en droit. Adjoint au maire de Nantes, chargé de la Culture et du Personnel (en 1990). Professeur à la Faculté de droit et de sciences politiques de Nantes).

QUELQUES SOUVENIRS AUTOUR DE JORJ MORIN

Fin 1968 nous nous installions à Nantes, mon épouse Jeannette, mes enfants et moi. L'opportunité d'un emploi nous avait fait quitter la capitale pour le grand port de l'ouest et nous y demeurons toujours.

Peu de temps après notre arrivée, Jeannette, au retour d'un parcours en ville, me dit avoir vu une exposition intéressante de gravures organisée par une galerie, rue Lafayette, et me conseilla d'aller la voir. C'est ainsi nous avons fait la connaissance de Mademoiselle Marot, directrice de la galerie Michel Columb, et du créateur des gravures, Jorj Morin. Devenus des assidus des vernissages nous avons rencontré les familiers de la galerie, entre autres les artistes Louis Ferrand, Michel Nourry, Henry Leray, Marc Lepetit, Jean Billecocq, les poètes Yves Cosson et Norbert Lelubre, le président des amis du Musée des Beaux-Arts, Julien Lanoë, sans oublier Claude Souviron le conservateur du Musée et Vincent Rousseau.

Jorj Morin était un des éléments fédérateurs de ce milieu nantais réunis autour de l'art. Pendant des années il avait animé avec d'autres artistes, en particulier Louis Ferrand, la vie artistique de la ville organisant expositions, conférences, débats. Il était membre du bureau de l'association des Amis du Musée et du groupe de peintres nantais Archipel. Il a été à l'origine de la proposition que m'a faite Julien Lanoë d'intégrer le bureau des Amis du Musée, très nantais alors, bien que nouvel arrivant dans la cité.

Autre proposition, Jean Billecocq, secrétaire d'Archipel, m'a demandé d'en devenir le président, ce que j'ai accepté immédiatement.

Ce groupe rassemblait la plupart des artistes de la Galerie Michel Columb. Nous nous réunissions périodiquement dans la salle d'un café discutant des possibilités d'expositions, du choix de nouvelles recrues et, bien sûr, des événements artistiques de l'époque. Nous nous sommes associés à Jean-Marc Ducoudray, autre membre « non-peintre » d'Archipel, pour apporter notre contribution à la prise en charge de l'édition de plaquettes consacrées à chaque artiste. « Champs carrés » est celle réalisée pour et par Jorj Morin.

En 1973 Jorj Morin m'a initié à la gravure à l'eau-forte. Il m'a donné des conseils et permis d'utiliser sa presse pour tirer mes essais.

Jusqu'en 1977 je me rendais chez lui certains samedis matins, rue François

Bruneau, pour tirer les plaques gravées au cours des semaines précédentes. Toujours bienveillant, discret, mais attentif à ce que je faisais, il poursuivait la réalisation de mosaïques ou d'emboîtages de carton dans lesquels il plaçait bien précautionneusement gravures et dessins. Madame Morin apparaissait de temps en temps, proposant petit déjeuner ou autres « douceurs » de sa confection.

En 1975, mon épouse et moi avons ouvert la galerie « Convergence » rue Jean Jaurès. Afin de ne pas être juge et partie, je donnais ma démission du bureau des Amis du Musée et de président d'Archipel.

En 1980, la Galerie Michel Columb ayant fermé, nous avons proposé à Jorj Morin d'organiser dans notre espace des expositions de ses œuvres. Nous l'avons ainsi régulièrement présenté jusqu'à la fermeture de la galerie en 2000.

Périodiquement, nous allions lui rendre visite à La Possonnière, au bord de la Loire, dans la maison familiale où il logeait depuis son départ de Nantes. Demeure chaleureuse, agréable. Jorj Morin toujours aussi accueillant. Madame Morin, en bonne maîtresse de maison, réalisait chaque fois des prouesses culinaires dont certaines demeurent en notre mémoire.

Voici pour les faits. Que peut-on ajouter à ce qui a déjà été évoqué sur la personnalité de Jorj Morin ? Sa discrétion, l'attention qu'il portait aux autres, émettant rarement un avis sur les réalisations de ses confrères. Attaché au travail, persévérant, allant jusqu'au bout de ce qu'il entreprenait. Il suffit pour s'en convaincre de voir la quantité impressionnante de ses réalisations dans les domaines de la peinture, du dessin, de la gravure, mais également dans celui de la tapisserie et de la mosaïque, sans oublier ses œuvres monumentales et son activité de graphiste publicitaire.

Au cours des réunions du bureau des Amis du Musée ou des membres d'Archipel, il intervenait toujours avec à-propos, ses remarques étant considérées avec attention.

Ce bref historique rappelle les relations que, mon épouse et moi, avons entretenues avec Jorj Morin.

Le beau livre consacré à sa mémoire par ses enfants est le plus bel hommage qu'il pouvait recevoir. Que ces quelques notes en fasse partie est, pour nous, un réel plaisir.

Jean Branchet

NANTES – LA BELLE ENDORMIE
Témoignage de Jean Branchet

(Intervention au Club Kervégan en 1998-99)

Lors de notre arrivée à Nantes au cours de l'été 68, mon épouse et moi avons trouvé une ville ronronnant bien doucement, visiblement plus tournée vers le passé que vers l'avenir. Assez triste et un rien vétuste, en particulier le Quai de la Fosse, l'Ile Feydau, le Marchix, les bords de l'Erdre et l'île de Versailles, le quartier du château, ville à l'urbanisme incertain et peu vivante. Le soir, les rues étaient désertes, seuls endroits un peu animés : la Place Royale avec le café du Commerce et la Place Graslin avec le café Molière. Le quartier Sainte-Croix ? désert. Celui du Château ? désert. Du moins c'était l'impression de nouveaux arrivés habitués à l'animation nocturne de la capitale et des villes du sud.

La municipalité du moment, et certainement les précédentes, semblaient n'avoir pas fait grand-chose pour redonner à la ville sa vitalité et son dynamisme d'antan. Ni grand projet, ni ambition ouvertement affichée pour faire de Nantes une vraie métropole régionale. Si la municipalité était assez « bon chic, bon genre », le patronat nantais vivait toujours avec les valeurs et les réalisations du 19° siècle ou du début du 20°, à part quelques exceptions, bien sûr. Quant au monde ouvrier, marqué par un anarcho-syndicalisme militant, il était plutôt préoccupé à maintenir les « avantages acquis » et les structures en place qu'à permettre aux entreprises d'améliorer leur productivité face à la concurrence internationale émergente. Ainsi ont disparu les constructions navales nantaises, fleuron industriel de la ville. Dans les années soixante, la Compagnie Bull avait envisagé d'installer une usine à Nantes (je travaillais alors dans cette société). Opposition de la Chambre de Commerce et d'Industrie, en particulier à cause des risques de contagion que les salaires et avantages octroyés par cette entreprise ne manqueraient pas d'avoir sur les autres de la région. Cette usine s'est installée à Angers, comme chacun le sait. Scénario identique, je crois, pour l'usine Citroën de Rennes.

Quant au climat social, la réputation de Nantes était vraiment peu flatteuse : les grèves étaient réputées y être dures, longues et quelquefois violentes. C'était l'image négative que pas mal de collègues parisiens retenaient alors de notre région.

Et cependant nous sommes devenus nantais et le sommes toujours. Car Nantes avait des atouts extraordinaires : d'abord sa taille de ville moyenne où il était possible d'aller à son travail sans faire de longs trajets de transport en commun, où l'on pouvait circuler aisément sans subir les embouteillages infernaux de la capitale, où la campagne était facilement accessible, la mer toute proche, avec des bords de Loire magnifiques, de beaux parcs et espaces verts, un climat agréable et, il faut bien le dire, un coût de la vie, surtout pour l'immobilier, nettement inférieur à celui de Paris.

Je crois qu'à cette époque les entreprises embauchaient rarement du personnel venant de l'extérieur, surtout du personnel cadre. Elles faisaient plutôt appel aux relations familiales, d'école, de milieu social.
La Biscuiterie Nantaise, devenue majoritairement américaine en 1968, est certainement la première société locale à recruter systématiquement des cadres venant d'ailleurs (j'ai été embauché par cette entreprise).
Dans les années 70, et peut-être même 80, il n'était pas rare de voir encore les questionnaires d'embauche de certaines sociétés poser des questions sur la vie religieuse du demandeur d'emploi (êtes-vous baptisé, marié à l'église ? ...).

Beaucoup d'espaces au centre-ville appartenaient encore à des congrégations religieuses. Quand nous visitions des appartements, l'agent immobilier nous le situait presque toujours en fonction d'une paroisse, rarement d'un quartier. Même chose lorsqu'on s'enquérait des écoles voisines. On nous indiquait en priorité les établissements privés, et, si seulement nous le demandions, les écoles publiques ensuite.   Evidemment, pour quelqu'un ayant passé sa jeunesse dans le Sud-Ouest, c'était un peu déroutant !

Le milieu nantais était plutôt fermé et, au dire de certains nouveaux arrivants, il le demeure. A l'époque nous avons eu le sentiment que la plupart des personnes que nous rencontrions voyageaient finalement peu, que tout se passait - voyages, vacances, week-ends - dans un triangle délimité par Nantes,

Pornic et La Baule. Aller à la Baule était le sommet du chic (je pense que c'est toujours le cas, d'ailleurs).

Le Golfe du Morbihan était également très prisé, et à juste titre. Des bords de Loire, de Clisson, Guérande, Châteaubriant ... on en parlait vraiment peu, sauf parmi les artistes. Angers et Rennes étaient terres quasiment inconnues.

En ce qui concerne la vie culturelle, il n'y avait rien de comparable avec ce que nous connaissons aujourd'hui. Peu de concerts, - l'orchestre Philarmonique péchait par sa médiocrité -, les pièces de théâtre restaient la plupart du temps dans un registre conventionnel, avec de temps à autres des exceptions notables. Quant au Musée des Beaux-Arts, il sommeillait depuis les années 20 ou 30 ! Triste, peu éclairé, les peintures non mises en valeur, on y pénétrait par une porte située à gauche du bâtiment, doucement poussée afin de ne pas déranger le gardien tout étonné de l'arrivée de visiteurs. Quand on voit ce que ce musée est actuellement devenu ! Cette situation comportait toutefois un certain avantage : nous pouvions assister à presque tous les événements culturels susceptibles de nous intéresser. Chose aujourd'hui impossible, et c'est à la fois tant mieux et bien dommage.

« Belle endormie » ? Nantes l'était certainement, mais elle a bien comblé son retard et très largement. Son rayonnement a indiscutablement dépassé le cadre régional et même national. Oui, il fait bon vivre à Nantes et les autres le savent !

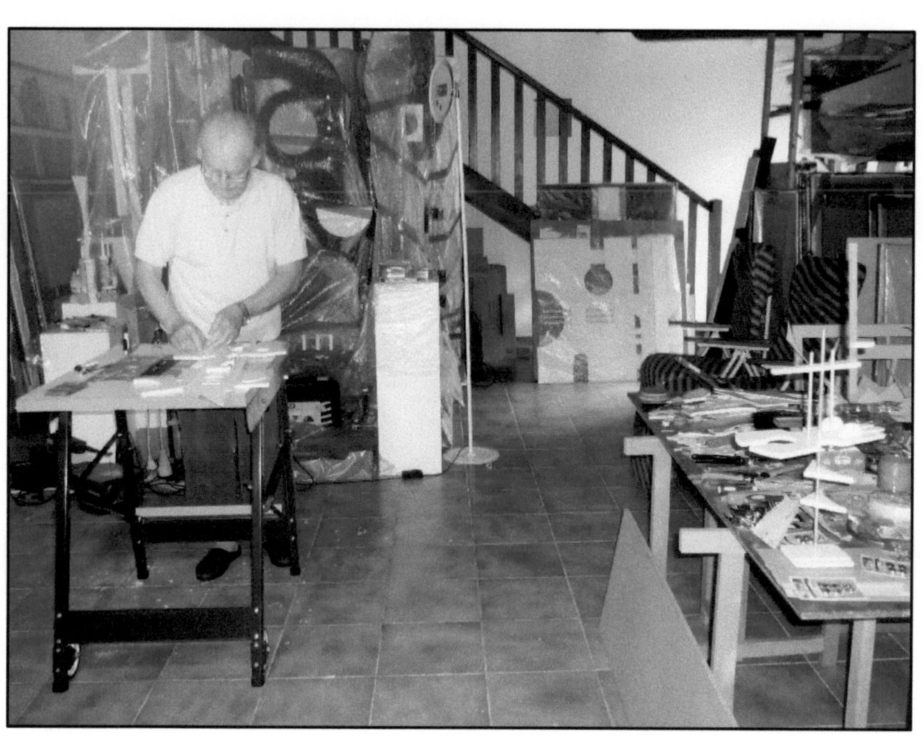

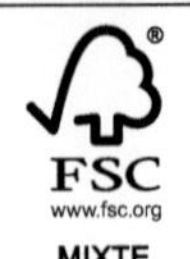